分県登山ガイド 44

宮崎県の山

緒方 優 著

山と溪谷社

分県登山ガイド――44
宮崎県の山

目次

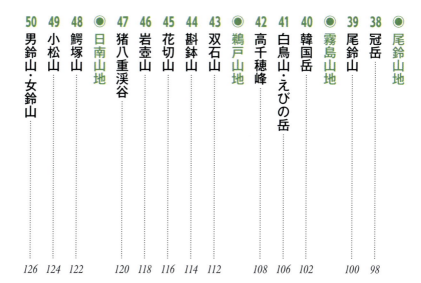

●本文地図主要凡例●

紹介するメインコース。

本文か脚注で紹介しているサブコース。一部、地図内でのみ紹介するコースもあります。

Start Goal Start Goal 225m 出発点／終着点／出発点・終着点の標高数値。

管理人在中の山小屋もしくは宿泊施設。

紹介するコースのコースタイムのポイントとなる山頂。

コースタイムのポイント。

管理人不在の山小屋もしくは避難小屋。

竹田市
豊後大野市
佐伯市
大分へ
高森町
たかもり
2 親父山・障子岳
1 祖母山
6 笠松山
7 傾山
19 新百姓山・桧山
3 三尖・黒岳
5 本谷山
18 夏木山
8 玄武山
4 古祖母山
17 五葉岳
20 桑原山
9 二ツ岳
13 14 15 大崩山
日隠山 10
鹿納山 15 16
12 鉾岳・鬼の目山
蒲江IC
338
蒲江波当津IC
北浦IC
道の駅「北浦」
23 遠見場山
須美江IC
道の駅「北川はゆま」
きたがわ
326
ひゅうがながい
延岡道路
北川IC
道の駅「高千穂」
五ヶ瀬町
218
高千穂町
道の駅「青雲橋」
日之影町
11 比叡山
22 可愛岳
24 諸塚山
26 祇園山・揺岳
道の駅「北方よっちみろ屋」
21 行縢山
五ヶ瀬川
北方延岡道路
503
のべおか
延岡市
延岡JCT
27 向坂山・白岩山
25 黒岳
霧立越
29 扇山
265
諸塚村
耳川
10
327
椎葉村
尾崎山
美郷町
日向市
ひゅうがし
31 馬口岳
388
日向IC
道の駅「とうごう」
32 三方岳
38 冠岳
道の駅「日向物産館」
446
35 樋口山
宮崎県
39 尾鈴山
36 地蔵岳
ひがしつの
33 市房山
34 石堂山
道の駅「つの」
都農IC
つの
都農町
日向灘
西米良村
川南町
JR日豊本線
かわなみ
265
219
一ツ瀬川
木城町
高鍋IC
掃部岳
式部岳
高鍋町
たかなべ
西都市
西都IC
37 釈迦ヶ岳
新富町
東九州自動車道
綾町
国富町
道の駅「ゆ〜ぱるのじり」
268
道の駅「たかおか」
大淀川
宮崎西IC
宮崎市
みやざき
きよたけ
みなみみやざき
宮崎空港
10
宮崎自動車道
あおいだけ
ひゅうがくつかけ
たの
宮崎IC
221
田野IC
清武町
44 斟鉢山
道の駅「都城」
都城IC
道の駅「山之口」
やまのくち
清武南IC
そさんじ
269
双石山 43
あおしま
道の駅「田野」
花切山 45
道の駅「フェニックス」
鰐塚山 48
岩壺山 46
うちうみ
みつまた
猪八重渓谷 47
三股町
いびい
みやこのじょう
都城市
日南北郷IC
きたごう
日南線
小松山 49
220
222
道の駅「酒谷」
おび
50 男鈴山・女鈴山
日南東郷IC
にちなん
志布志市
日南市
串間へ

宮崎県の山 全図

❶祖母山 本書で紹介する山名とコース番号
市役所・町村役場
国道と国道ナンバー
高速道路・自動車専用道路
JR線
JR新幹線
私鉄線
1:700,000
0 15km
N
熊本県
鹿児島県
熊本市
宇土市
宇城市
上天草市
八代市
天草市
水俣市
出水市
伊佐市
阿久根市
えびの市
小林市
人吉市
川内市
いちき串木野市
日置市
鹿児島市
姶良市
霧島市
曽於市
垂水市
益城町
御船町
甲佐町
美里町
氷川町
芦北町
津奈木町
長島町
さつま町
湧水町
高原町
相良村
五木村
球磨村
山江村
多良木町
湯前町
あさぎり町
錦町
水上村
山都町
西原村
南阿蘇村
島原湾
八代海
天草灘
30 五勇山・国見岳
えびの岳
41 白鳥山
41
韓国岳 40
新燃岳
42 高千穂峰
甲佐岳
白髪岳
倉岳
角山
国見山
矢筈岳
紫尾山（上宮山）
御岳（北岳）
熊本空港
鹿児島空港
益城熊本空港IC
熊本IC
御船IC
松橋IC
八代IC
八代南IC
日奈久IC
人吉IC
出水IC
阿久根IC
栗野IC
横川IC
溝辺鹿児島空港IC
加治木IC
姶良IC
国分IC
薩摩吉田IC
鹿児島北IC
末吉財部IC
小林IC
えびのJCT
道の駅「えびの」
九州新幹線
九州自動車道
東九州自動車道
南九州自動車道
JR肥薩線
JR吉都線
JR日豊本線
くま川鉄道
肥薩おれんじ鉄道
熊本電鉄
南阿蘇鉄道
3
219
447
268
博多へ
指宿へ
みよし
むさしづか
くまもと
すいぜんじ
かわしり
すみよし
うと
まつばせ
おがわ
ひごながはま
みすみ
しんやつしろ
やつしろ
せんちょう
さかもと
よしお
かみたのうら
うみのうら
ゆのうら
つなぎ
しんみなまた
みなまた
ふくろ
こめのつ
いずみ
にしいずみ
たかおの
あくね
うしのはま
にしかた
くさみち
せんだい
くまのじょう
くしきの
ゆのもと
ひとよし
おこば
えびの
にしえびの
よしまつ
こばやし
たかはる

概説 宮崎県の山

緒方 優

九州の南東部にある宮崎県は、南北最大約165キロ、東西最大約75キロの南北に長い形で、総面積の約76パーセントが林野となっている。県北部の大分県境には古い火山活動で形成された祖母《そぼ》・傾《かたむき》山地、その南東部には花崗岩《かこうがん》がせり上がってできた大崩《おおくえ》山地、それにともなって形成された行縢《むかばき》山地があり、北西部から西部にかけての熊本県境には、「九州の屋根」ともいわれる九州山地が連なる。また中央部の東には尾鈴山《おすずやま》瀑布群で名高い尾鈴山地、南西部には霧島《きりしま》火山群で知られる霧島山地、南部には鵜戸《うど》山地、日南《にちなん》山地がある。

県東側が海に面し、北から西を山で囲まれた地形から、夏には南あるいは南東の多湿の季節風が吹き込み高温多雨となるが、冬には北あるいは北東の季節風を山地がさえぎり、平野部では温暖な気候が続く。

この自然条件を活かし、県南の日南市一帯では古くから林業が発展してきた。木造船用材として重宝されてきた飫肥《おび》杉は、1623（元和8）年頃に伊東《いとう》藩の財政再建のためにスギの挿し木造林をしたのがはじまりといわれている。

●山域の特徴

●祖母・傾山地

高千穂《たかちほ》町、日之影《ひのかげ》町と大分県との境に東西に連なる山々で、急峻な山容の大分県側に比べて宮崎県側は緩やかな斜面となっている。日本百名山に選ばれている祖母山《そぼさん》は宮崎県の最高峰（1756メートル）の山で、半円形を描きながら東の傾山《かたむきやま》へと続いている。そのスケールの大きさと展望のすばらしさは、九州を代表する山ならではのものである。

●大崩山地

延岡《のべおか》市と日之影町にまたがる山域にあり、小積《こづみ》ダキやワク塚《づか》岩峰群とよばれる花崗岩の白い岩峰・岩壁をもつ大崩山《おおくえやま》が主峰である。山すそを流れる祝子《ほうり》川のなめらかな岩床と清流が織り成す美しい景観も、この山域の魅力だ。

その祝子川流域には九州一のすばらしい原生林が残されており、鹿納山《かのうやま》やお姫山《ひめやま》、乙女山《おとめやま》から一望できる。また、西を流れる綱の瀬《つなせ》川上流の鹿川《ししがわ》渓谷も鉾岳《ほこだけ》の岩峰とともに美しい景観をもつ。

●行縢山地

延岡市と日之影町にあり、大崩山地がせり上がったときに形成された東西40キロにわたる花崗斑岩の山々である。可愛岳《えのたけ》や行縢山《むかばきやま》、比《ひ》叡山《えいざん》、矢筈岳《やはずだけ》、丹助岳《たんすけだけ》などいずれの山も標高1000メートルに満たないが、それぞれ独特の景観をもつ山々である。

●九州山地

五ヶ瀬《ごかせ》町からえびの市北部にまでいたる熊本県との県境およびその周辺の山々で、とくに向坂山《むこうざかやま》から市房山《いちふさやま》にかけては標高1600メートル以上の山々が連なり、まさに「九州の屋根」といわれる所以である。

また、これらの山々から流れ出る河川は多くが東側の日向灘《ひゅうがなだ》へと流

宮崎県最高峰（1756メートル）の祖母山。霧島山とともに県内に2山ある日本百名山のひとつだ

樹氷が広がる韓国岳から噴煙を上げる新燃岳（右）と高千穂峰

れ出ている。五ヶ瀬川や耳川《みみ》、小《お》丸《まる》川、一ツ《ひと》瀬《せ》川がそうで、これらの川に挟まれた山域も東へと山並みを連ねている。

●尾鈴山地

九州山地から東に離れた県中央部の海寄りに、南北に走る尾鈴山《おすずやま》や冠岳《かんむりだけ》などの尾鈴山地がある。北部や西部は険しい山容だが、南東部は比較的なだらかになっている。そこに数多く刻まれた谷には多数の滝が懸かり、尾鈴山瀑布群として国の名勝に指定されている。

●霧島山地

県南西部にあり、北西から南東に約25キロ、北東から南西に約18キロの楕円形の地域に大小20あまりの火山が密集している。祖母山と同じく日本百名山に選ばれている霧《きり》島山《しまやま》は、登山口の標高が高くて登りやすく展望も抜群であることから根強い人気をもち、多くの登山者が訪れる。最高峰は韓国岳《からくにだけ》（1700メートル）で、現在も活動中の御鉢をしたがえる高千《たかち》穂峰《ほみね》、新《しん》燃岳《もえだけ》がこれにつぐ。ただし噴火の影響により、2018年4月現在で登れるのは、高千穂峰と白鳥《しらとり》山《やま》、えびの岳《だけ》に限られる。

●鵜戸山地

県南部の海沿いには、宮崎市南部から日南市鵜戸にかけて南北に連なる鵜戸山地がある。斟鉢山《くんぱちやま》、花切山《はなきりやま》、岩壺山《いわつぼやま》と続く徳蘇《とくそ》連山とその西側の双石山《ぼろいしやま》が代表的。その間を流れる加江田《かえだ》川は周囲の照葉樹林と複雑な地形の中を静かに流れ、一帯は宮崎自然休養林の指定を受けている。また岩壺山の南西部には、貴重な苔の宝庫として知られる猪八重《いのはえ》風景林がある。

●日南山地

鵜戸山地の西側にある山地で、主峰の鰐塚山《わにつかやま》は、県南部で唯一標高が1000メートル（1181メートル）を超える。その南には2番目の高さの小松山《こまつやま》、さらに南には男鈴山《おすずやま》がある。先の鵜戸山地と同様に展望は少ないが、登山道近辺には豊かな照葉樹林が残されている。

●山々の四季

宮崎県の春は、1月下旬から2月上旬頃、高千穂町向山《むこうやま》、諸塚《わにつか》村紋原《もんばる》に自生するフクジュソウの開花からはじまり、3月上旬には宮崎市の堀切《ほりきり》峠のヤマザクラ、中旬頃には可愛岳や比叡山でミツバツツジが咲きはじめる。

4月に入ると県内各地で多くの花便りが聞こえはじめる。その代表がアケボノツツジで、上旬には行縢山で咲きはじめ、石堂山《いしどうやま》や市房山、尾鈴山、諸塚山、大崩山地、祖母・傾山地へと移っていく。4月下旬には鰐塚山が南限で、いまや九州でも数箇所しか自生しないイワザクラがかわいらしい花を開き、韓国岳の北西面をキリシマミズキが黄色く染める。4月末から5月はじめにはえびの高原で天然記念物のノカイドウ、尾鈴山や扇《おうぎ》山《やま》、笠松山《かさまつやま》ではシャクナゲが咲きはじめる。ゴールデンウィークには五葉岳《ごようだけ》や白岩山《しらいわやま》でヤマシャクヤクが咲く。5月中旬になるとドウダンツツジ、下旬には大崩山のヨウラクツツジ、霧島山地のミヤマキリシマと続く。

6月に入ると大崩山ではササユリが岩場に咲き、6月下旬から7月上旬には鉾岳にて、世界中でここだけしかないツチビノキが花開く。同じ頃、霧島山地や県北の山々では「山の貴婦人」と称されるオヤマレンゲが芳香を放つ。

九州中央山地の名山・国見岳山頂

日本の滝百選のひとつ・落差77メートルの行縢の滝

7月から8月にかけての夏は暑くて登山には適さないが、白岩山や黒岳《くろだけ》（諸塚村）、白鳥山（椎葉《しいば》村）ではキレンゲショウマなど石灰岩質の山に生息する花が咲きだす。その他の山では、渓谷に咲くギボウシ類やイワタバコの花を求めて大崩山の三里河原《さんりがわら》の沢歩きや、加江田渓谷沿いの散策が涼しく快適だ。

9月に入ると、白岩山近辺や五葉岳でタンナトリカブトなど秋の花が咲きはじめる。タンナトリカブトは花期も長く、10月上旬まで咲いている。10月も中旬になると県北の山々から紅葉がはじまり、しだいに南下していく。祖母・傾山地や大崩山地、向坂山から市房山にかけての九州山地の山々がこの頃が美しい。11月になると紅葉は霧島山地に達し、この時期は霧島山地のどの山もおすすめとなる。鵜戸山地や日南山地の山々は紅葉こそ期待できないが、気温や湿度も下がって、夏ならうっそうとして蒸し暑い照葉樹林帯も快適に歩くことができる。

12月になると祖母・傾、大崩、九州山地の北部では冬の様相となり、霧氷なども期待できる。その一方、降雪や凍結があると登山口まで車で通行できない場合がある

4月の山中を彩るアケボノツツジ（鹿納谷分岐）

ササユリ（大崩山）をはじめ花の種類も豊富。宮崎県のみの希少種も存在する

ので要注意だ。

●山行上の注意点

概要で紹介したが、宮崎県は林業が盛んで、人工林の比率が高い。戦後に植林されたスギやヒノキが伐採する時期になってきている。その伐採および搬出にともない、登山口までの林道が通れなくなったり、登山道が通行できない場合も出てくると思われる。すでに数年前からいくつかの山で生じている。安全登山のためにも、そのような場合は作業が終了して規制が解除されるまで待ってほしい。

火山の集まりである霧島の山々は、2018年4月現在も新燃岳とえびの高原の硫黄山《いおうやま》が活動中で、登山が規制されているが、登山者の安全を考えてのこと。活動が収束すればやがては規制解除されるだろうが、それまで待つしかない。

県中央部から南の山では春から秋にかけてヤマビルが生息する地域があり、多湿の時や雨後に被害に遭うケースがあるので、その対策が必要である。もっとも標高が1000㍍を超える地域では、その心配はいらないようである。

沢沿いのコースや徒渉点では増水に注意（祖母山・北谷）

本書の使い方

■日程　宮崎市や延岡市、都城市など宮崎県内の各都市を起点に、アクセスを含めて、初・中級クラスの登山者が無理なく歩ける日程としています。

■歩行時間　登山の初心者が無理なく歩ける時間を想定しています。ただし休憩時間は含みません。

■歩行距離　2万5000分ノ1地形図から算出したおおよその距離を紹介しています。

■累積標高差　2万5000分ノ1地形図から算出したおおよその数値を紹介しています。は登りの総和、は下りの総和です。

■技術度　5段階で技術度・危険度を示しています。は登山の初心者向きのコースで、比較的安全に歩けるコース。は中級以上の登山経験が必要で、一部に岩場やすべりやすい場所があるものの、滑落や落石、転落の危険度は低いコース。は読図力があり、岩場を登る基本技術を身につけた中～上級者向きで、ハシゴやクサリ場など困難な岩場の通過があり、転落や滑落、落石の危険度があるコース。は登山に充分な経験があり、岩場や雪渓を安定して通過できる能力がある熟達者向き、危険度の高いクサリ場や道の不明瞭なやぶがあるコース。は登山全般に高い技術と経験が必要で、岩場や急な雪渓など、緊張を強いられる危険箇所が長く続き、滑落や転落の危険が極めて高いコースを示します。『宮崎県の山』の場合、が最高ランクになります。

■体力度　登山の消費エネルギー量を数値化することによって安全登山を提起する鹿屋体育大学・山本正嘉教授の研究成果をもとにランク付けしています。ランクは、①歩行時間、②歩行距離、③登りの累積標高差、④下りの累積標高差に一定の数値をかけ、その総和を求める「コース定数」に基づいて、10段階で示しています。が1、が2となります。通常、日帰りコースは「コース定数」が40以内で、～（1～3ランク）。激しい急坂や危険度の高いハシゴ場やクサリ場などがあるコースは、これに～（1～2ランク）をプラスしています。また、山中泊するコースの場合は、「コース定数」が40以上となり、泊数に応じて～もしくはそれ以上がプラスされます。『宮崎県の山』の場合、が最高ランクになります。

紹介した「コース定数」は登山に必要なエネルギー量や水分補給量を算出することができるので、疲労の防止や熱中症予防に役立てることもできます。体力の消耗を防ぐには、下記の計算式で算出したエネルギー消費量（脱水量）の70～80㌫程度を補給するとよいでしょう。なお、夏など、暑い時期には脱水量はもう少し大きくなります。

時間の要素　距離の要素　重さの要素

行動中のエネルギー消費量（kcal）＝〔1.8×行動時間（h）＋0.3×歩行距離（km）＋10.0×上りの累積標高差（km）＋0.6×下りの累積標高差（km）〕×体重（kg）＋ザック重量（kg）

山側の情報 ―「コース定数」　登山者側の情報

＊kcalをmlに読み替えると　おおよその脱水量がわかります

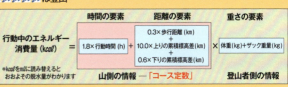

宮崎県の山で見られる花

宮崎県の山は最高峰の祖母山でも1800メートル弱だけに高山のようなお花畑は存在しないが、季節ごとに多彩な花が登山道脇の林床や草原などで咲いている。ここでは、山中などで見られる花のいくつかを紹介する。代表的なものとしては、県内の各所の山で見られるアケボノツツジや、霧島連山のミヤマキリシマがある。また、鉾岳のツチビノキやえびの高原のノカイドウのように、世界でそこだけでしか見られない貴重な花も存在する。

黄色

キツリフネ　8月
白鳥山（椎葉村）

シコクフクジュソウ
1月　諸塚村

キレンゲショウマ
8月　向坂山

メタカラコウ　8月　五葉岳

アキノキリンソウ
9月　韓国岳山麓

キバナノツキヌキホトトギス
10月　尾鈴山

キバナノホトトギス
10月　双石山

赤色

ササユリ　6月　大崩山

イワカガミ　6月　高千穂峰

ハガクレツリフネ
8月　白鳥山山麓（椎葉村）

オオキツネノカミソリ　7月　鰐塚山

ホタルブクロ　7月　五ヶ所高原

ジャコウソウ　8月　黒岳（諸塚村）

イワザクラ　4月　鰐塚山

ホソバシュロソウ　7月　白岩山

レイジンソウ　8月　五葉岳

ソバナ　8月　白岩山

ツクシクサボタン　8月　白岩山

コバギボウシ　8月　霧岳

紫・褐色

シオガマギク　8月　白岩山

イワタバコ　9月　加江田渓谷

タンナトリカブト　9月　五葉岳

キリシマヒゴタイ
9月　霧島山

リンドウ　9月
霧島山

ナンバンギセル　10月　矢岳

ツクシミカエリソウ　10月　矢岳

白色

サツマイナモリ　3月　斟鉢山

ギンリョウソウ　4月　釈迦ヶ岳

ヤマシャクヤク　5月　五葉岳

バイケイソウ　6月　障子岳

コメツツジ　6月　大崩山

オオヤマレンゲ　6月　障子岳

ヤマボウシ　7月　矢岳

ヤマホトトギス
7月　五ヶ所高原

オカトラノオ
7月　五ヶ所高原

モウセンゴケ　8月　高千穂峰

ツクシコウモリソウ　8月　矢岳

シギンカラマツ　7月　白岩山

ヤハズハハコ　8月　白鳥山

コウスユキソウ　8月　白岩山

ウバユリ
8月　白鳥山（椎葉村）

ヒヨドリバナ　9月　鰐塚山

ダイモンジソウ　9月　韓国岳

アケボノソウ
9月　岩坪山山麓

センブリ　10月　霧島山

シキミ　4月　鰐塚山

マンサク　3月　霧島山

キリシマミズキ　4月　霧島山

オンツツジ　4月　双石山

ノカイドウ　5月　えびの高原

アセビ　4月　樋口山

ハイノキ　5月　尾鈴山

アケボノツツジ
5月　比叡山

ミヤマキリシマ　5月　霧島山

樹木

ツクシドウダン　5月　大崩山

ヒカゲツツジ　5月　二ツ岳

ヤマツツジ　5月　矢岳

ヨウラクツツジ　5月　大崩山

ツチビノキ　6月　鉾岳

ナツツバキ　6月　障子岳

ヤクシマホツツジ　8月　扇山

マルバウツギ　6月　韓国岳

ホオノキ　6月　三方岳

ベニドウダン　6月　大崩山

01

祖母山

ブナの森を歩いてアケボノツツジ咲く山頂へ

そぼさん
1756m

日帰り

歩行時間＝4時間20分
歩行距離＝7・0㎞

技術度

体力度

コース定数＝**18**

標高差＝646m

累積標高差 ↗ 754m ↘ 754m

古祖母山方面から望む祖母山（左は天狗岩）

2つの祠が建つ祖母山山頂

日本百名山の祖母山は、宮崎県高千穂町《たかちほ》と大分県竹田市《たけた》、豊後大野市《ぶんごおおの》との境に位置する、宮崎県の最高峰である。山頂には、神武天《じんむ》皇の祖母・豊玉姫《とよたま》を祀る祠があり、山名はこれに由来する。1965（昭和40）年には、祖母山地、高千穂峡、大崩山地《おおくえ》などを含んだ地域が、祖母傾国定公園《かたむき》として指定された。

祖母山を主峰とする祖母・傾縦走路は、北東方向にある障子岩《しょうじいわ》から大障子岩《おお》を経て祖母山にいたり、南の障子岳から古祖母山《ふる》を経て東へ本谷山《ほんたにやま》、笠松山《かさまつやま》、傾山へと続く。この馬蹄形《ばてい》の山並みに魅了され、多くの登山者が訪れる。

山頂へのコースはいくつかあるが、ここでは西面の北谷登山口《きただに》からの千間平《せんげんだいら》コースを紹介したい。

駐車場やトイレのある**北谷登山口**から、案内板にしたがって左方の登山道へ進む。スギやヒノキの植林地の中を緩やかに進んでいくと、やがて1合目の標柱が現れる。

右に折れてすぐ今度は左に折れていくと**2合目**、さらに進むと水場がある。傾斜も増してきて3合目をすぎると、正面に古い標識が現れる。旧登山口の鳥居からの道の合流地だが、やぶとなっている。右折して行くと**4合目**となる。やがて千間平の標柱をすぎ、桧林を抜けると5合目で、さらに進むと

■**鉄道・バス**
往路・復路＝北谷登山口へは高千穂市街からタクシーを利用する。所要約1時間。
■**マイカー**
東九州道延岡JCTから北方延岡道路へ入り、国道218号で高千穂町市街へ。国道325号で河内地区へ進み、右折して県道8号に入る。五ヶ所地区で右折して北谷登山口へ。高千穂町市街から所要約1時間、延岡JCTからは所要約1時間50分。登山口に約20台分の駐車場とトイレなどがある。
■**登山適期**
3〜6月と9〜12月が適期。アケボノツツジは5月上旬、オオヤマレンゲは6月中旬から下旬、紅葉は10月中旬が見ごろ。
■**アドバイス**
▽祖母山頂から南の障子岳へは所要1時間30分。北谷登山口から祖母山〜障子岳〜親父山〜黒岳と縦走し、あわせ谷沿いに下って北谷登山口へ戻る周回ルートは約6時間50分。
▽祖母山九合目小屋は素泊まり（毛布あり）で通年利用可（有料）。管理人は常駐していない。
▽「日本近代登山の父」W・ウェストンは、日本アルプス登頂以前に祖母山に登り、山頂からの展望のすばらしさを著書の中で述べている。彼の功績を記念し、五ヶ所の三秀台公

登山道脇にはスズタケが生い茂っている三県境《さんけんざかい》に出る。7合目をすぎると頭上にアケボノツツジが増えてきて、**国観《くにみ》峠**に達する。

さらに進んで8合目をすぎると傾斜が増してくる。**9合目**の先で左に祖母山九合目小屋への道が分かれ、周囲にオオヤマレンゲも増えてくると、**祖母山**の山頂にたどり着く。

北東にのびる障子尾根、南の障子岳から傾山へと続く縦走路の山並みと、すばらしい展望が広がる。

帰路は、風穴《ふうけつ》コースを下ろう。慎重に下っていくと、展望のよい岩場もいくつかある。途中の**ハシゴ場**は、冬期の通過の際に難儀するところ。さらに下っていくと、巨岩が現れ、**風穴**にいたる。

スズタケの中を下り植林地を抜け、谷沿いに下っていく。やがて傾斜も緩み、植林地を抜けて幾度か小さな谷を横切ると、最後に**北谷の徒渉地点**に出る。慎重に渡って坂を上がると林道に出て、**北谷登山口**に帰り着く。

↑五ヶ所・三秀台公園から望む祖母山（右奥）

←4合目の標柱。すぐ横にあるヤマツツジの木は6月下旬に開花する

園内にウェストン碑が建立されている。また、同地では毎年11月3日に宮崎ウェストン祭が開催される。

三秀台公園のウェストン碑。彼の生地、英国のヨークシャー産の石も使われている

■**問合せ先**

高千穂町企画観光課☎0982・73・1212、宮崎交通高千穂バスセンター☎0982・72・4133、宮交タクシー高千穂営業所☎0982・72・2121、祖母山九合目小屋☎0974・42・4140（道の駅原尻の滝）。

■**2万5000分ノ1地形図**

祖母山・豊後柏原

CHECK POINT

北谷登山口からはまず北側の千間平コースへ進む

▼

30分ほどで2合目に出る。一合目ごと標柱が設置されており目安になる

▼

三県境は文字通り宮崎、熊本、大分の3県の境界地点だ

▼

国観峠のお地蔵さん。広場は遭難事故発生時の緊急ヘリポートとなる

▼

風穴にはハシゴが設置してあるが、その奥に下るにはそれなりの装備が必要

＊コース図は18・19ページを参照。

02

オオヤマレンゲの花と展望が魅力の山へ

親父山・障子岳

おやじやま 1644m
しょうじだけ 1709m

日帰り

歩行時間＝3時間30分
歩行距離＝6.3km

技術度
体力度

コース定数＝19
標高差＝575m
累積標高差 634m 634m

↑B29墜落地と展望岩の間のバイケイソウ群生地

←「熊ノ社」と記された石柱のある障子岳山頂

親父山は、祖母《そぼ》・傾《かたむき》縦走路上の障子岳から西にのびる稜線上にあり、目立たない山容の山だ。しかし、シャクナゲの群落やアケボノツツジ、オオヤマレンゲが随所に見られる。

四季見橋《しきみ》から親父山林道をさらに北へ進んでいく。以前は700メートルほど進むと親父山林道の終点だったが、林道が奥までのび、さらに250メートル進むと**登山道の入口**となる。

林道から左方へと進んでいくと、すぐに尾根への取り付きだ。スズタケに囲まれた登山道を登っていくと、周囲にはさっそくアケボノツツジやミツバツツジがちらほら咲いている。しだいに傾斜が増してくるが、さほど長くは続かない。

登るにつれてアケボノツツジやシャクナゲも増えてきて、快適に登っていける。左手に樹間から黒《くろ》岳《だけ》方面の尾根が垣間見えてくると、山頂も近い。やがて黒岳からの縦走路と合流すると、**親父山山頂**だ。残念ながら、山頂は樹々に囲まれていて展望はない。

ひと休みしたら、障子岳を目指そう。北東に続く登山道をさらに進んでいくと下りとなり、鞍部に達すると、「B29墜落の地」の案内板が立てられている。その先はバ

障子岳山頂手前の北側斜面に群生するオオヤマレンゲ

■鉄道・バス
往路・復路＝登山口となる四季見橋へは山麓の竜泉寺バス停から約9キロ、標高差も約700メートルあり、歩くには無理がある。高千穂町中心部からタクシーを利用する。所要約30分、4000円程度。

■マイカー
東九州道延岡JCTから北方延岡道路へ入り、国道218号で高千穂町

古祖母山方面から望む障子岳(左)。右に烏帽子岩、天狗岩、祖母山が続く

CHECK POINT

1 親父山の入口へと続く親父山林道が分岐する四季見橋

2 以前の林道終点。林道が先までのびたため、3回の徒渉の必要がなくなった

3 四季見橋から約20分で登山道入口へ。すぐに尾根に取り付く

4 周囲の草木の成長で展望のない親父山山頂

5 1945(昭和20)年8月30日に発生したB29機墜落地の案内板

6 オオヤマレンゲ群生地には、ナツツバキも生育している

イケイソウの多い、緩やかな登りとなる。しばらく進むと、イチイの木がぽつんと立っている。さらに進むと、右手に古《ふる》祖母山を展望できる岩場がある。登山道の北側はオオヤマレンゲの群生地となり、じきに**障子岳**山頂にたどり着く。

展望を楽しんだら往路を戻る。

市街へ。国道325号に入り、竜泉寺で右折して親父山林道へ。四季見橋に数台分の駐車スペースがある。延岡JCTから四季見橋まで約1時間20分。

■登山適期
3～7月と9～12月が適期。アケボノツツジやミツバツツジ、シャクナゲの開花は、4月下旬から5月連休にかけて。紅葉は10月下旬頃がベスト。

■アドバイス
▽障子岳から祖母山へは、所要2時間。古祖母山へは1時間20分。ともに祖母・傾縦走路をたどる。親父山から南の四季見原キャンプ場へ下るルートは約2時間。さらに四季見橋まで林道を30分歩く。

▽四季見原に「四季見原すこやかの森キャンプ場」（開設期間＝ゴールデンウィーク前後と夏休み）があり、登山のベースとして利用できる。

■問合せ先
高千穂町企画観光課☎0982・73・1212、宮崎交通高千穂バスセンター☎0982・72・4133、宮交タクシー高千穂営業所☎0982・72・2121、四季見原すこやかの森キャンプ場☎0982・82・2151（開設期間外は先述の高千穂町企画観光課へ）。

■2万5000分ノ1地形図
祖母山

＊コース図は18・19㌻を参照。

1 は01祖母山のCHECK POINT番号です
2 は02親父山・障子岳のCHECK POINT番号です
3 は03三尖・黒岳のCHECK POINT番号です
4 は04古祖母山のCHECK POINT番号です
大障子岩へ
馬ノ背
宮原
1402
1208
大分県
豊後大野市
尾平コース
緒方へ
856
1026
2合目
緒方町
尾平鉱山
うるしわ谷
973
うら谷
782
742
もみ志や旅館
616
尾平鉱山
ゲストハウスLAMP豊後大野
津上橋
第2吊橋
第1吊橋
奥岳川
WC
尾平
719
742
黒金山尾根
黒金山尾根取付点
天狗の水場
757
992
三枚谷
1013
川上本谷
1025
でけやま谷
1045
登山口
ブナ広場
祖母・傾縦走路
1388
本谷山、傾山へ
1334
丸山
コシキ岩
1231
尾平越
4-2
尾平越トンネル
1214
第2展望台
第1展望台
スズタケが繁茂
展望台
4-4
1426
4-3
オオヤマレンゲ
アケボノツツジ
0.50
0.35
0.30
0.25
0.45
0.30
4-1
尾平越登山口
979m
Start Goal
杉林
0.55
1.05
0.15
0.10
展望よい
ハシゴ
4-5
1633
古祖母山
1500
1400
1300
1200
1100
1000
900
800
700
600
500
1127
839
993
1264
高千穂町のふれあいバスが運行されているが登山には使いづらい
1491
仲の内
中野内
宮崎県
高千穂町
974
登尾
常光寺の滝
718
1020
888
三合
532
1029
798
西之内
935
646
岩戸川
惣見
828
秋元
上岩戸
944
687
岩戸、高千穂市街へ

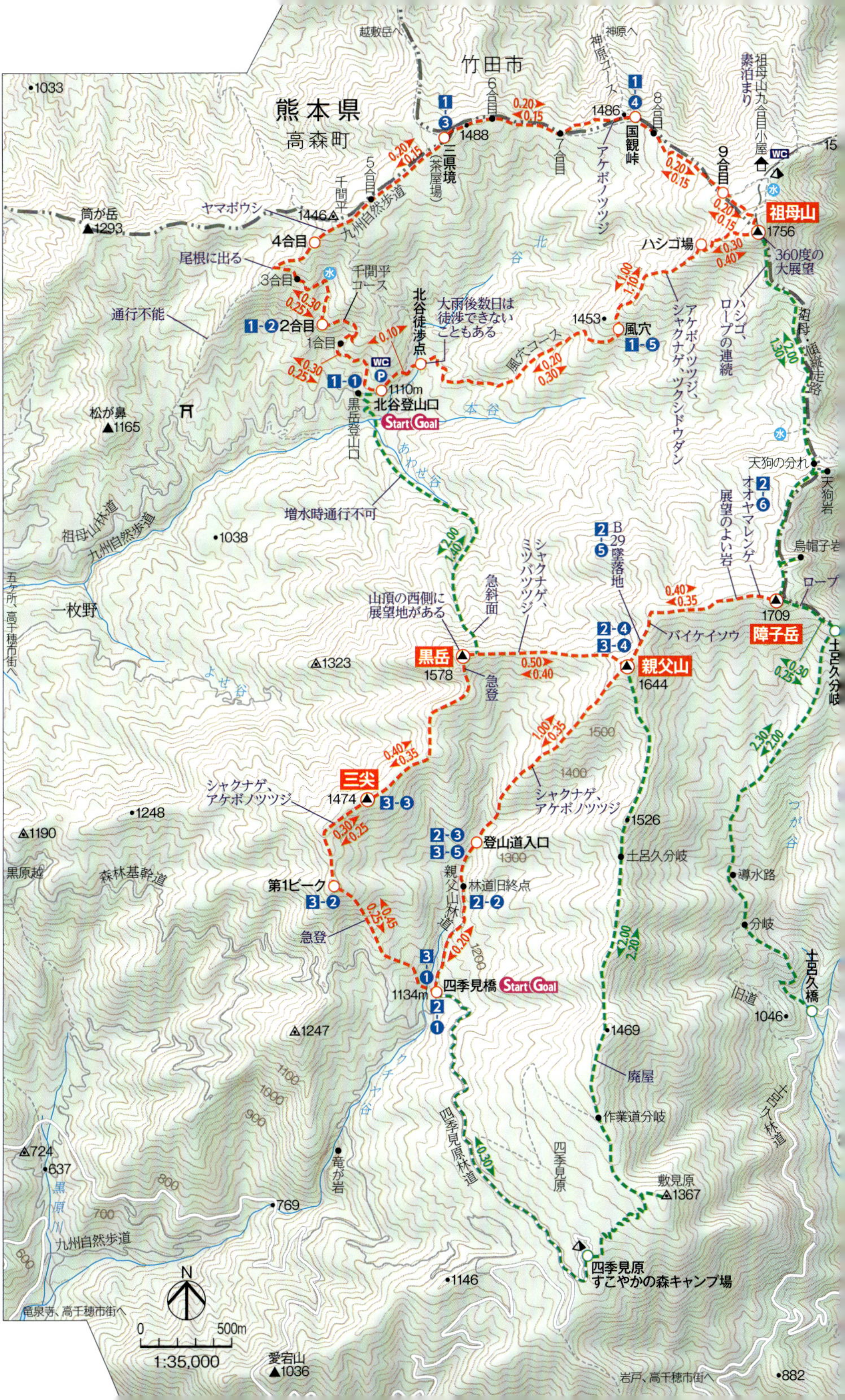
越敷岳へ
竹田市
神原へ
神原コース
祖母山九合目小屋
素泊まり
熊本県
高森町
三県境
(茶屋場)
1488
6合目
7合目
1486
国観峠
8合目
9合目
祖母山
1756
360度の大展望
ハシゴ場
アケボノツツジ
ヤマボウシ
九州自然歩道
1446
千間平
5合目
筒が岳
1293
4合目
尾根に出る
3合目
千間平コース
2合目
1合目
通行不能
北谷徒渉点
大雨後数日は徒渉できないこともある
1110m
北谷登山口
Start Goal
黒岳登山口
本谷
1453
風穴
風穴コース
アケボノツツジ、シャクナゲ、ツクシドウダン
ハシゴ、ロープの連続
祖母・傾縦走路
松が鼻
1165
あわせ谷
増水時通行不可
祖母山林道
九州自然歩道
1038
五ヶ所、高千穂市街へ
一枚野
天狗の分れ
天狗岩
オオヤマレンゲ
展望のよい岩
烏帽子岩
ロープ
B29墜落地
シャクナゲ、ミツバツツジ
急斜面
山頂の西側に展望地がある
黒岳
1578
急登
1323
よせ谷
親父山
1644
バイケイソウ
障子岳
1709
土呂久分岐
三尖
1474
シャクナゲ、アケボノツツジ
1248
1190
黒原越
森林基幹道
登山道入口
林道旧終点
親父山林道
第1ピーク
急登
1526
土呂久分岐
つが谷
導水路
分岐
土呂久橋
旧道
1046
四季見橋
1134m
1247
1469
廃屋
作業道分岐
ウチヤ谷
四季見原林道
四季見原
土呂久林道
724
637
竜が岩
黒原川
769
九州自然歩道
敷見原
1367
四季見原
すこやかの森キャンプ場
1146
竜泉寺、高千穂市街へ
0
500m
1:35,000
愛宕山
1036
岩戸、高千穂市街へ
882

ウェストン碑のある五ヶ所・三秀台から望む黒岳（左は祖母山）

03

アケボノツツジやシャクナゲの花と展望を楽しもう

三尖・黒岳（高千穂町）

三尖《みっとぎり》 1474m
黒岳《くろだけ》 1578m

日帰り

歩行時間＝3時間40分
歩行距離＝5・6km

技術度
体力度

コース定数＝**15**
標高差＝510m
累積標高差 ↗627m ↘627m

親父山は、高千穂《たかちほ》町の祖母《そぼ》山系・障子岳《しょうじだけ》から西に続く尾根筋にある山で、その西には黒岳、さらに南西方向には三尖があり、親父山《おやじやま》から南にのびる尾根は四季見原《しきみばる》へと続いている。「親父」とは熊の別名で、かつてこの山中では熊が捕獲されていた。山中にはアケボノツツジやシャクナゲが多く、4月下旬から5月初めにかけて見ごろとなる。ここでは、三尖から黒岳、親父山を周回するルートを紹介しよう。

四季見橋を渡り、西へ100《メートル》ほど先の案内板から杉林へと入っていく。杉林と自然林の境を登っ

登山道沿いに咲きはじめたシャクナゲ

黒岳山頂。西へ少し進むと展望所がある

■**鉄道・バス**

往路・復路＝登山口となる四季見橋へは山麓の竜泉寺バス停から約9《キロ》、標高差も約700《メートル》あり、歩くには無理がある。高千穂町中心部からタクシーを利用する。所要約30分、4000円程度。

■**マイカー**

東九州道延岡JCTから北方延岡道路へ入り、国道218号で高千穂町市街へ。国道325号に入り、竜泉寺で右折して親父山林道へ。四季見橋に数台分の駐車スペースがある。延岡JCTから四季見橋まで約1時間20分。

■**登山適期**

3〜7月と9〜12月が適期。アケボノツツジやミツバツツジ、シャクナゲの開花は、4月下旬から5月連休にかけて。紅葉は10月下旬頃。冬期は、三尖や黒岳の急傾斜地で積雪凍結により危険度が増すため、避けた方が無難。

■**アドバイス**

▽黒岳へは、祖母山の北谷登山口方面からのルートもある。祖母山北谷登山口の200《メートル》手前に黒岳登山口があり、あわせ谷沿いに登っていくと約2時間で黒岳山頂へ。ただし大谷川の支流を徒渉しなければいけないため、大雨後の増水時は利用不可。また黒岳北斜面を登るので、冬期は積雪・凍結により氷壁になる箇

三尖からは阿蘇山が間近に見える。中岳からは噴煙が上がっていた（2015年）

ていき、登山道が尾根筋に上がると傾斜が増してくる。急登が終わると自然林の中の快適な道となり、三尖から南にのびた稜線のひとつ目のピーク（**第1ピーク**）に達する。

　スズタケの密生する中に切り開かれた道をいったん下って登り返すと、三尖の西端のピークだ。稜線を進んでいくと周りも開けてきて、阿《あ》蘇山《そさん》やくじゅうの山々も見渡せ、黒岳が間近に迫ってくる。やがて1474㍍標高点あたりまで来ると周りにはシャクナゲやアケボノツツジも姿を見せ、**三尖**と書かれた控えめな案内板が立っている。

　先へ進んで、黒岳との鞍部へ下り、登り返していく。スズタケの中を抜け、急斜地を登りきると、**黒岳**山頂だ。西に30㍍行くと、西から北の展望がよい。

　山頂から東へ進むと、3分ほどで祖母山北谷《きただに》登山口への道が左に分かれる。さらに進むと岩場があり、南側を巻いて下る。その後は、緩やかな登りとなり、やがて親父山林道からの登山道と合流すると、すぐに**親父山**山頂に達する。

　下山は、山頂からすぐ下の黒岳方面との分岐を左方向の親父山林道へと進む。このルートもアケボノツツジやシャクナゲが多い。やがて谷のせせらぎの音が聞こえてくると林道（**登山道入口**）へたどり着く。

　最後に林道をしばらく歩いていくと、**四季見橋**へ帰り着く。

所もあり、12～3月の間は通行不可。▽四季見原に「四季見原すこやかの森キャンプ場」（開設期間＝ゴールデンウィーク前後と夏休み）があり、登山のベースとして利用できる。

■問合せ先

高千穂町企画観光課☎0982・73・1212、宮崎交通高千穂バスセンター☎0982・72・4133、宮交タクシー高千穂営業所☎0982・72・2121、四季見原すこやかの森キャンプ場☎0982・82・2151（開設期間外は先述の高千穂町企画観光課へ）。

■2万5000分ノ1地形図

祖母山

CHECK POINT

1

三尖・黒岳登山口。親父山林道起点から四季見橋を渡ってすぐだ

2

急登が終わるとスズタケの中の第一ピークに着く

3

簡素な山名案内板があるだけの三尖の山頂

4

親父山山頂。親父山登山口への新ルートや四季見原キャンプ場への案内板などでにぎやかだ

5

親父山登山道入口。林道がのびてきており、四季見橋へは900㍍ほど歩く

＊コース図は18・19㌻を参照。

南東側からの古祖母山。左は障子岳

04

古祖母山

ふるそぼさん 1633m

女性的な山容をなす祖母・傾縦走路の一峰

日帰り

歩行時間＝4時間
歩行距離＝5・8km

技術度
体力度

コース定数＝**16**
標高差＝657m
累積標高差 683m 683m

　古祖母山は、宮崎県高千穂《たかちほ》町と大分県豊後大野《ぶんごおおの》市との境に位置していて、祖母山から南下してきた道はこの古祖母山から東へと方向を変えていく。「古祖母」の由来は、祖母山の祭神・豊玉《とよたま》姫（神武《じんむ》天皇の祖母）が最初に降臨したことによる。

　登山口は尾平越《おびらごし》トンネルの宮崎県側の入口から50メートル西側だ。ちょうど広場になっており、駐車スペースも充分にある。

　登山口から杉林の中を登っていく。しばらく急登が続くが、やがて傾斜も緩くなり、祖母・傾《かたむき》縦走路上の**尾平越**に出る。右折して東進すると、本谷山《ほんたにやま》、笠松山《かさまつやま》を経て、傾山へ。左折していくと古祖母山、さらに祖母山へと続いている。

　左折して森の中を西へと向か

■鉄道・バス
往路・復路＝尾平越トンネルの登山口への公共交通機関はない。高千穂市街からタクシーを利用できるが距離が長いだけに、マイカー利用が現実的だろう。

■マイカー
東九州道延岡ＪＣＴから北方延岡道路へ入り、国道２１８号で高千穂町市街へ。県道７号で岩戸を経て尾平越トンネルへ。トンネルの入口手前に約30台分の駐車場がある。高千穂町市街から所要約１時間、延岡ＪＣＴからは所要約１時間50分。

■登山適期
３～７月と９～12月が適期。アケボノツツジは５月上旬、オオヤマレンゲは６月下旬から７月上旬、紅葉は10月中旬が見ごろ。

■アドバイス
▽別ルートとして南面の高千穂町土呂久からの登山道もある（所要約３時間）。登山口の土呂久橋までのアクセスとなる林道に難がある。

■問合せ先
高千穂町企画観光課☎０９８２・73・１２１２、宮崎交通高千穂バスセンター☎０９８２・72・４１３３、宮交タクシー高千穂営業所☎０９８２・72・２１２１

■２万５０００分ノ１地形図
見立・祖母山

CHECK POINT

登山口は尾平越トンネルの宮崎県側から少し西へ進むとある

▼

縦走路上の尾平越。東へ進むと本谷山、笠松山を経て傾山、ここは西に進む

▼

展望台への案内板。展望台は右に少し上がった場所にある

▼

展望台から望む障子岳から祖母山(右奥)への山並み

▼

山頂東側のハシゴ場では慎重に行動しよう

尾平越から本谷山への縦走路から望む古祖母山(右は障子岳)

登山道沿いに咲くナツツバキ

う。道は緩やかに登っていくが、しだいに傾斜も強くなる。このあたりからアケボノツツジも増えてくる。1231メートル三角点をすぎるといったん緩やかになるが、再び急登となる。6月下旬から7月上旬にはナツツバキも開花する。

やがて傾斜が緩んでくると、展望台の案内板が現れ、右手にほんの少し登ると**展望台**がある。祖母山方面の眺めがよく、その左には天狗《てんぐ》岩や烏帽子《えぼし》岩、障子岳《しょうじだけ》が、祖母山の右側には、大《おお》障子岩や障子岩が望める。

さらに進んでいくと、オオヤマレンゲの木も出てくる。やがて最後の急登となり、前方に巨大な岩壁が現れる。巨岩の間に**ハシゴ**がかけてあり、これを慎重に上がる。再び祖母山方向の展望が開ける箇所があり、山々の眺めながら進んでいく。

登山道は灌木の中に入り、南方向へ向きを変わると、**古祖母山**の山頂にたどり着く。山頂からは南方向に展望が開けている。

下山は往路を戻る。

古祖母山山頂。南方向の眺めがよい

＊コース図は18・19ページを参照。

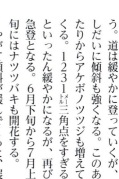

05

本谷山

ブナの林立する自然豊かな森を歩いて山頂を目指す

ほんたにやま
1643m

日帰り

歩行時間＝4時間
歩行距離＝7・8km

技術度

体力度

コース定数	＝18
標高差	＝664m
累積標高差	↗ 766m ↘ 766m

↑三国岩からの展望。右から左へ、祖母山から障子岳、古祖母山

←本谷山の山頂すぐ手前にはヤマツツジが咲く場所がある

本谷山は、宮崎県高千穂《たかちほ》町と日之影《ひのかげ》町、大分県豊後大野《ぶんごおおの》市との境にあり、祖母《そぼ》・傾《かたむき》縦走路のほぼ中間に位置する山である。登山道沿いにはブナやミズナラが林立し、豊かな自然が残されている。

登山口は、尾平越《おびらごし》トンネルの宮崎県側の入口のすぐ横だ。トンネルから東へと入る林道があり、10メートル先に登山口の案内板が立てられている。

登山口から進むと、スギの植林地の急傾斜地の中にジグザグにつけられた道になる。急登だけに、ゆっくり登っても高度は上がっていく。やがてジグザグの道が終わると植林地を抜け、傾斜も緩んで**縦走路**に出る。尾平越を経由するより15分は節約できる。

縦走路を東へ向かい、緩やかな坂を登る。ピークから緩やかに下っていくと、ブナの林立する**広場**に出る。南側へ20メートルほど下ると水場がある。

先に進むとやがて急登となる。1334メートルの三角点のあるピーク（丸山《まるやま》）をすぎると**1388メートル標高点**の緩やかなピークだが、このあたりでは登山道脇にはスズタケではなく、クマザサが生えている。

さらに登っていくと西方向の展望のよい場所があり、やがて**三国《みくに》岩**に達する。ここも西側の展望がよい。

展望を楽しんだら、登山道に戻って先に進もう。緩やかな坂道を登っていくとじきに**本谷山**の山頂にたどり着くが、残念ながら展望は得られない。

下山は往路を戻ろう。

背の低い木立の中で展望のない本谷山山頂

CHECK POINT

尾平越トンネルから東へ少し進むと、本谷山への登山口がある

登山口から30ほどで祖母・傾の縦走路に上がり、本谷山へは右折する

ブナ広場にある水場の案内板。水は季節によっては枯れている時もある

三国岩への案内板。三国岩は西方向の展望がよい

1388㍍標高点付近はスズタケではなくクマザサが生えている

■鉄道・バス

往路・復路＝尾平越トンネルの登山口への公共交通機関はない。高千穂市街からタクシーを利用できるが距離が長いだけに、マイカー利用が現実的だろう。

■マイカー

東九州道延岡JCTから北方延岡道路へ入り、国道218号で高千穂町市街へ。県道7号で岩戸を経て尾平越トンネルへ。トンネルの入口手前に約30台分の駐車場がある。高千穂町市街から所要約1時間、延岡JCTからは所要約1時間50分。

■登山適期

3～7月と9～12月。アケボノツツジ、ヒカゲツツジ、ミツバツツジは5月上旬、紅葉は10月中旬が見ごろとなる。

■アドバイス

▽本谷山から縦走路を東へ進むとトクビ展望台とよばれている岩場があり、傾山の展望が得られる。本谷山（30分→←35分）トクビ展望台。笠松山へはさらに20分。

■問合せ先

高千穂町企画観光課☎0982・73・1212、宮崎交通高千穂バスセンター☎0982・72・4133、宮交タクシー高千穂営業所☎0982・72・2121

■2万5000分ノ1地形図

見立

06

笠松山

縦走路上にあって目立たない山だが魅力は充分

日帰り

かさまつやま
1522m

歩行時間＝4時間25分
歩行距離＝9.9km

技術度
体力度

コース定数＝19
標高差＝531m
累積標高差 ↗830m ↘830m

ヨウラクツツジが生育するトクビ展望台

九折越小屋。祖母・傾縦走には欠かせない

笠松山は、宮崎県日之影《ひのかげ》町と大分県豊後大野《ぶんごおおの》市との境、祖母《そぼ》・傾《かたむき》山の間に位置する。縦走路の本谷山《ほんたにやま》と傾山の間に位置する。縦走路上にある山の中にあっては標高も高い方ではなく、目立たない山だが、アケボノツツジやシャクナゲ、オオヤマレンゲの花の多さやいくつかある展望所からの眺めもよく、思いのほか魅力ある山である。

宮崎北部森林管理署の案内板から林道を進んでいくと、やがて日之影町が設置した**傾山九折越《つづらごし》ルート登山口の案内板**が見えてくる。

この先の林道は荒れていて車で走行できる状態ではない。荒れた林道を進んでいくが、しばらくすると山道に入っていき、じきに**水場**に出る。水場から急斜面をひと登りするとやがて傾斜も緩み、縦走路上の**九折越**に達する。右へ行くと傾山、左へ行くと笠松山、本谷山を経て祖母山へと続く。

左折して緩やかに登っていくと、すぐに九折越小屋がある。小屋の左手を抜けて進み緩やかに下ると、その先からは急登になってくる。アップダウンをくり返しながら進み、1385m標高点のピークをすぎると、右前方に角ばった岩が見えてくる。この岩の下側に**遭難碑**がある。1969（昭和44）年3月に九折越小屋を目指していた学生2人が豪雪のため、相ついで同じ場所で亡くなった。その2人を供養するものだ。

このすぐ先を北に下ると、シャクナゲ群生地がある。さらに進むと笠松山が間近になり、**笠松東展望台**への案内板がある。ここは、傾山の絶好の展望場所だ。

さらに進んでいくと、じきに**笠松山**にたどり着く。山頂から少し東に行くと、ここも傾山の眺めがよい。さらに縦走路を南進し、アップダウンを2度くり返すと**トクビ展望台**に達する。岩の上からの展望は最高だ。

下山は往路を戻る。

■鉄道・バス
往路・復路＝起点となる宮崎北部森林管理署の案内板前までは日之影市街からタクシーが利用できるが距離が長い。マイカー利用が現実的。

■マイカー
東九州道延岡JCTから北方延岡道路へ入り、国道218号で日之影町市街へ。県道6号に入り見立方面へ進む。傾山登山口への案内板から左折して奥村林道と黒仁田林道を進み、宮崎北部森林管理署の案内板前へ。4～5台の駐車スペースがある。

笠松山から見た傾山と祖母・傾縦走路

CHECK POINT

1 森林管理署の案内板。笠松山への登山道は、九折越まで傾山と同じ

2 傾山登山口の案内板。最低地上高の高い車はここまで入ることができる

3 九折越への登路にある水場。縦走路に出ると水場がないので給水していこう

4 広場のような縦走路上の九折越。九折越小屋は西にわずかに進んだ場所にある

5 縦走路を50分ほど進むと、学生2人の遭難碑のある岩がある

6 笠松東展望台への案内板。展望台からは傾山の雄姿が眺められる

7 展望のない笠松山山頂。東に少し進むと傾山の眺めがよい場所がある

8 トクビ展望台への入口にある案内板

日之影町市街から所要約1時間、延岡JCTから約1時間40分。案内板から登山口までも車が入れるが、路面が荒れているので最低地上高の高い車に限られる。

■登山適期

3～7月と9～12月が適期。アケボノツツジは4月下旬から5月上旬、シャクナゲは5月上旬、紅葉は10月中旬が見ごろ。

■アドバイス

▽時間が許せば、トクビ展望台から本谷山まで足をのばしてもいいだろう。トクビ展望台（35分→←30分）本谷山。

▽登山口への奥村林道は途中わだちの深い箇所がある。車の下回りをぶつけないよう注意して運転する。

▽見立近辺の宿泊施設は、水無平に民宿あけぼの荘、見立に民宿河鹿荘、リフレッシュハウス出羽（いずるは）がある。

■問合せ先

日之影町地域振興課☎0982・87・3900、日之影町観光協会☎0982・78・1021、日之影タクシー☎0982・87・2104、民宿あけぼの荘☎0982・89・1116、民宿河鹿荘☎0982・89・1112、リフレッシュハウス出羽☎0982・89・1220

■2万5000分ノ1地形図

見立

＊コース図は28・29ページを参照。

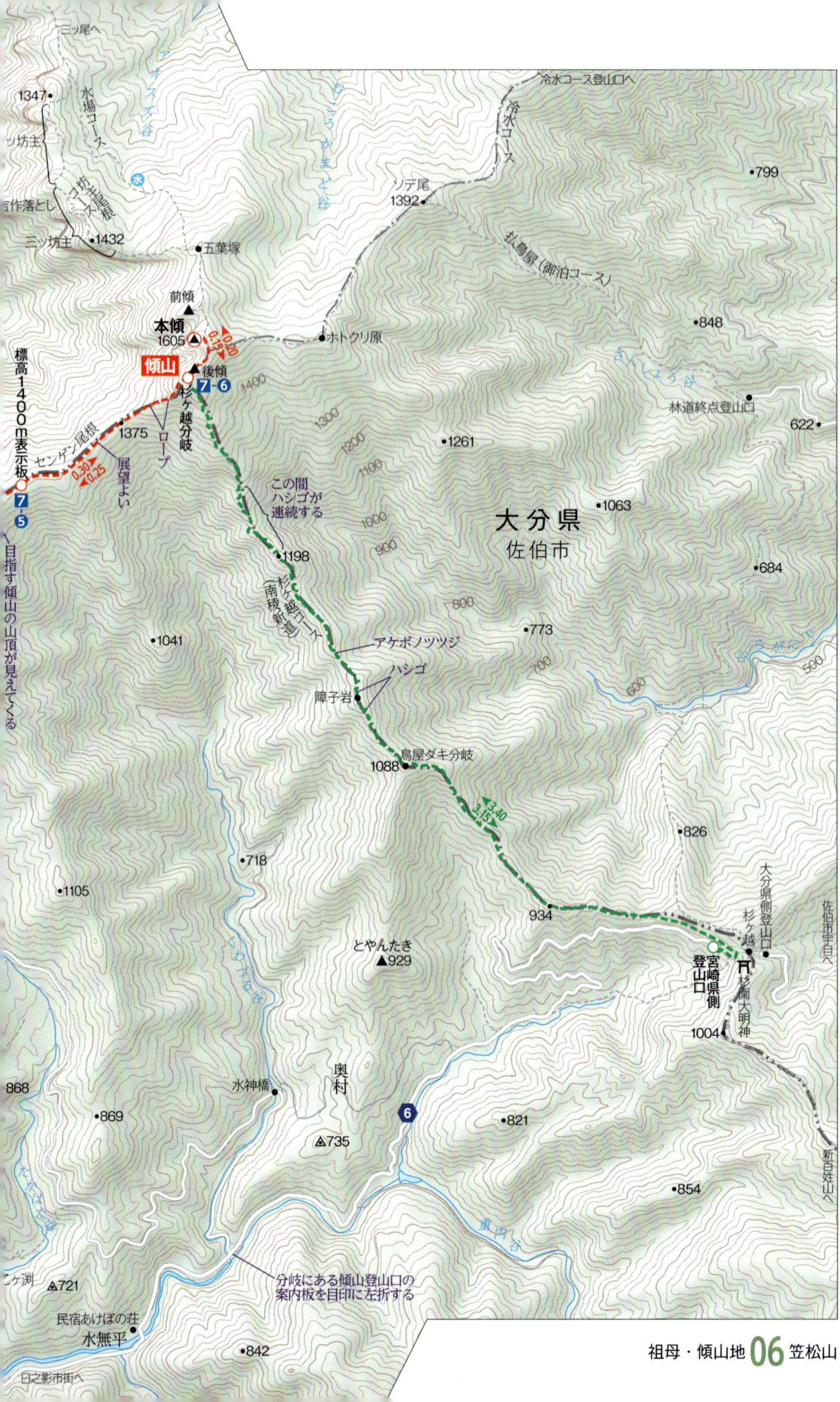

三ッ尾へ
1347
水場コース
アオスズ谷
ッ坊主
水
ゴ坊主尾根
三ッ坊主
1432
五葉塚
むこうやまど谷
冷水コース登山口へ
冷水コース
ノデ尾
1392
799
払鳥屋（御泊コース）
前傾
本傾
1605
0.20
0.15
ホトクリ原
848
さんしょう谷
傾山
後傾
7-6
1400
林道終点登山口
622
標高1400m表示板
杉ケ越分岐
1300
1375
ロープ
1200
1261
センゲン尾根
0.30
0.25
展望よい
1100
7-5
この間
ハシゴが
連続する
1063
大分県
佐伯市
1000
1198
900
684
目指す傾山の山頂が見えてくる
杉ケ越コース
（南稜新道）
800
773
1041
アケボノツツジ
700
ハシゴ
500
障子岩
600
鳥屋ダキ分岐
1088
3.40
3.15
826
718
1105
934
大分県側登山口
佐伯市宇目へ
杉ケ越
とやんたき
929
宮崎県側登山口
杉園大明神
1004
いわづる谷
868
水神橋
奥村
6
869
821
735
新百姓山へ
854
重内谷
ケ渕
721
分岐にある傾山登山口の
案内板を目印に左折する
民宿あけぼの荘
水無平
842
日之影市街へ

N
0
500m
1:30,000
豊後大野市
宮崎県
日之影町
笠松山
1522
本谷山
1643
九折越
九折越小屋
水場
傾山登山口案内板
森林管理署案内板
991m
Start Goal
4~5台の
駐車スペース
笠松東展望台
笠松山最高点
笠松西展望台
アケボノツツジ
このあたり
シャクナゲ群生地
遭難碑
1385
1311
九折越~1385mピーク間は
緩急あるアップダウンが続く
林道終点
見立コース
黒仁田林道
トクビ展望台
傾山の眺めがよい
祖母・傾縦走路
1504
1606
尾平越、祖母山
黒仁田神社の
鳥居がある
九折登山口へ
観音滝
九折川
ケセイ谷
奥岳林道
手山谷
カンカケ谷
九折コース
熊野社
笠松谷
中ん谷
黒岩谷
見立谷
たかはた山
1207
6 は06笠松山のCHECK POINT番号です
7 は07傾山のCHECK POINT番号です

07

花を楽しんで登り、さらに岩峰からの絶景も満喫する

傾山

かたむきやま
1605m（本傾）

日帰り

歩行時間=3時間35分
歩行距離=8.1km

技術度
体力度

コース定数=16
標高差=714m
累積標高差 726m 726m

古祖母山方面から望む傾山(右)。左手の三ツ尾にかけて険しい岩峰群が続く

傾山は、日之影《ひのかげ》町と大分県豊《ぶん》後大野《ごおおの》市、佐伯《さいき》市との境にあり、祖母《そぼ》・傾山系の東端に位置している。山頂は大分県に属するが、南面は宮崎県に含まれる。空に向かって突き立つ岩峰は周辺の山々からもひと際目立つ存在で、祖母山と向かい合っている姿は、多くの岳人を魅了してきた。

宮崎北部森林管理署の案内板から林道を進み、10分ほどで日之影町が設置した**傾山九折越《つづらごし》ルート登山口の案内板**が見えてくる。この先の林道は荒れていて車で走行できる状態ではない。

荒れた林道を進み、しばらくすると山道に入っていく。じきに**水場**に着き、ここから急登をひと登りする。やがて傾斜も緩み祖母・傾縦走路上の**九折越**に達する。

左へ行くと笠松山《かさまつやま》、本谷山《ほんたにやま》を経て祖母山《さん》へ、傾山へは右に進む。登山道沿いにネットが張られ、森林管理署の案内板が設置されている。ブナやミズナラの林の中を緩やかに登っていき1378メートル標高点をすぎると、やがて山頂が見上げられる地点がある。その先の**標高1400メートルの標示板**をすぎてしばらく進むと、再び山頂が目前に見える場所がある。

やがて道は急登になり、ロープ場も出てくる。標高1500メートルの標示板をすぎると、いっきに**杉《すぎ》ケ《が》越《ごえ》への分岐**に出る。さらに急登をひと登りで後《うしろ》傾とよばれる南側の岩峰に上がると、目の前に傾山本《ほん》峰《ぼう》の岩壁が現れる。

鞍部へ下り、冷水《ひやみず》コースとの分

■鉄道・バス
往路・復路=26ページ「笠松山」を参照。

■マイカー
26ページ「笠松山」を参照。

■登山適期
3〜7月と9〜12月が適期。アケボノツツジは4月下旬から5月上旬、シャクナゲは5月上旬、紅葉は10月中旬が見ごろ。

■アドバイス
▽他のルートとしては南面からの杉ヶ越コースがある。アケボノツツジの花に展望も楽しめるルートだが、ハシゴとアップダウンが連続する鋸尾根をたどるだけに、健脚者向け。宮崎県側登山口（3時間40分↓↑3時間15分）杉ヶ越分岐。
▽九折越から西に数十メートル進んだところに無人小屋の九折越小屋（収容10人）が建っている。
▽見立近辺の宿泊施設は26ページ「笠松山」を参照。

■問合せ先
日之影町地域振興課☎0982・87・3900、日之影町観光協会☎0982・78・1021、日之影タクシー☎0982・87・2104、民宿あけぼの荘☎0982・89・1116、民宿河鹿荘☎0982・89・1112、リフレッシュハウス出羽☎0982・89・1220

■2万5000分ノ1地形図
見立・小原

岐から登り返すと、三《み》ツ尾《お》からのコースとの分岐に出る。左に進むと、すぐに傾山（**本傾**）山頂だ。

巨岩の点在する山頂からのすばらしい展望を楽しんだら、往路を引き返す。

登山道の標高1400㍍地点手前で山頂が姿を見せる

CHECK POINT

1 森林管理署案内板。この先は路面が荒れ普通車では走行が厳しい

2 傾山九折越ルート登山口の案内板

3 水場。この先は水場がないので給水していこう

4 九折越は遭難事故発生時の緊急ヘリポートでもある

5 九折越から約30分で標高1400㍍の標示板がある

6 ロープ場をすぎると杉ヶ越コースとの分岐に出る

＊コース図は28・29ページを参照。

９月の登山道脇に咲くリンドウ

大岩の点在する傾山（本傾）山頂

08 天然の要塞の跡地をたどり、アケボノツツジ咲く山頂を目指す

玄武山

げんぶざん
974m（三角点）

日帰り

歩行時間＝2時間50分
歩行距離＝4・5㎞

技術度 ★★☆☆☆
体力度 ★☆☆☆☆

コース定数	＝**13**
標高差	＝514m
累積標高差	↗595m ↘595m

北側の四季見原への林道の途中から眺めた玄武山

玄武山は、高千穂《たかちほ》町の上野《うえの》地区にあり、赤川浦岳《あかごうらだけ》の南に位置する山である。1000メートルに満たない低山だが、山麓や四季見原《しきみばる》への林道から見る山容は険しく、簡単には登れないことを感じさせる。山頂手前の広場は玄武城があったところで、登山口には玄武城の由来について記された案内板が設置されている。

国道325号から四季見原方面へ右折すると右手に**公民館**があり、玄武山登山口の案内板も設置されている。ここから左折して消防車庫と上野神社との間の道を進んでいく。最後の民家の先に「**玄武山登山口**」の案内板があり、ここから右へとしばらく作業道を進む。

山頂付近のアケボノツツジ

やがて道は杉林の中へと続き、主稜線から南東へのびる支尾根に上がる。じきに正面に**大きな岩**が現れ、岩の左側を抜けて登っていくと傾斜が増してきて、急登の連続となる。

ロープ場を抜けると傾斜も緩くなり、樹間から少し展望も得られるようになる。じきに**主稜線**に達し、さらに先へ進むと登山道の脇にはスズタケも多くなる。再びロープ場があり、ここを抜けた岩の上に立つと展望が開ける。

さらに杉林の中を登っていくと、

■**鉄道・バス**
往路・復路＝高千穂バスセンターから高千穂町ふれあいバス河内線で竜泉寺へ。公民館へは徒歩5分ほど。高千穂町へは延岡市街から宮交バスが運行している。
■**マイカー**
東九州道延岡JCTから北方延岡道路へ入り、国道218号で高千穂町市街へ。国道325号へ右折して上野地区の竜泉寺へ。公民館の駐車場は会合が行われていなければ使用可能（公民館横の消防車庫付近は駐車不可）。玄武山トンネル手前の右手にも3台分の駐車スペースがある。
■**登山適期**
3〜7、9〜12月が適期。アケボノツツジは4月下旬、紅葉は10月下旬が見ごろ。
■**アドバイス**
▽ふれあいバスは休日の午前中は9時58分発の1便のみ。
▽974メートル三角点から山頂にかけてのロープ場やハシゴ場は、慎重に行動しよう。
■**問合せ先**
高千穂町企画観光課☎0982・73・1212（ふれあいバスも）、宮崎交通高千穂バスセンター☎0982・72・4133、宮交タクシー高千穂営業所☎0982・72・2121
■**2万5000分ノ1地形図**
祖母山

↑玄武山の山頂にある祠

←山頂からの北面の赤川浦岳。下方はアケボノツツジ

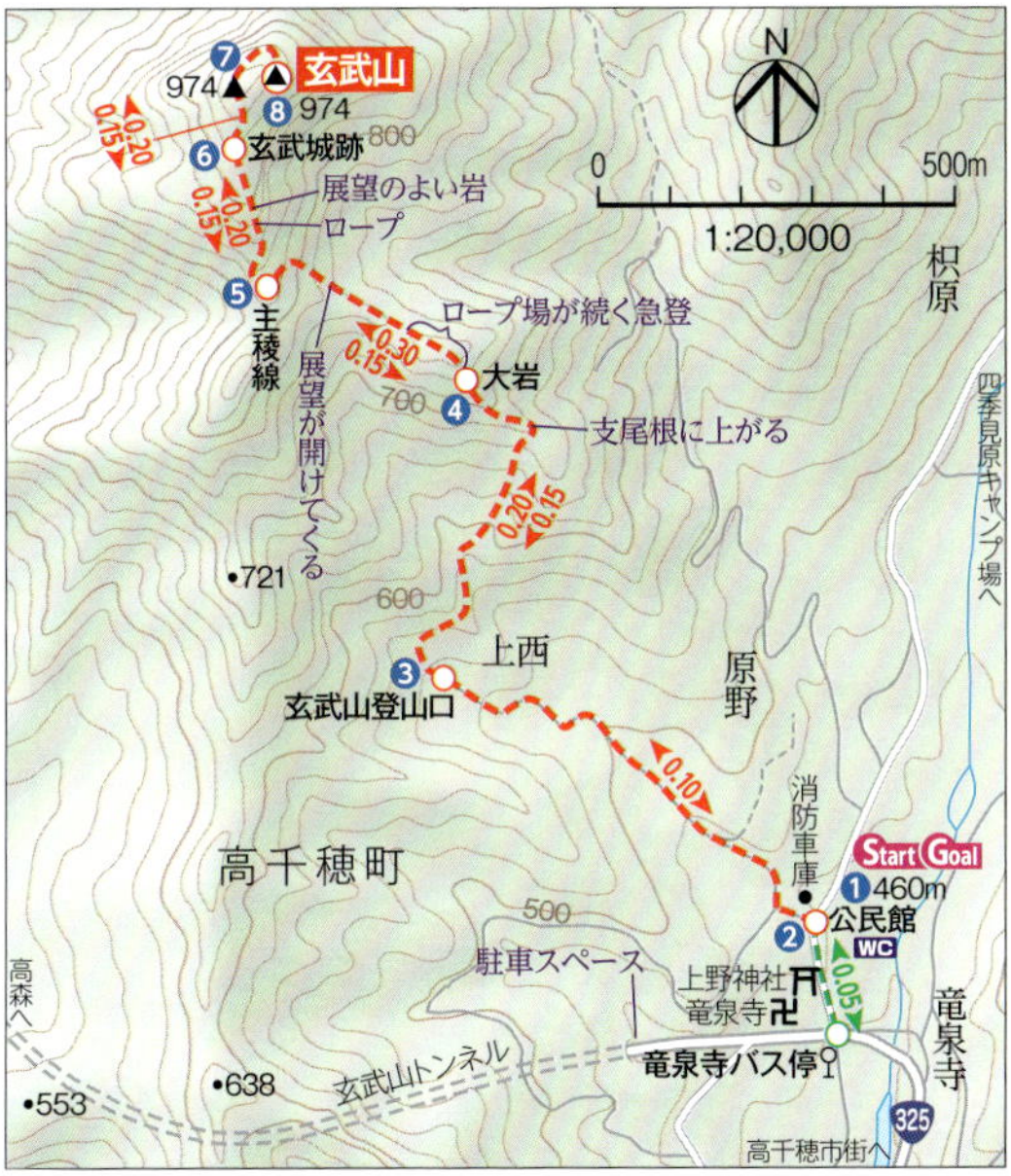

平坦な広場に出る。正面には巨岩があり、その基部には「**玄武城跡**」と書かれた案内板がある。この岩には、玄武城の由来について碑文が刻まれているが、表面が風化していて内容は不明瞭。

岩の右手へ進み、さらに登っていくと4等三角点のある**974メートルピーク**だ。案内板にしたがって右へと進み、ロープ場やハシゴでいったん下る。登り返すと祠が見えてきて、**玄武山**山頂に着く。三角点から山頂にかけてアケボノツツジもあり、4月下旬に見ごろとなる。また北方向の赤川浦岳や南東方向には展望も開けている。

下山は往路を戻る。

CHECK POINT

1 公民館のそばには玄武山城の由来が記された案内板がある

2 公民館から左方の消防車庫と上野神社との間の道を進む

3 10分ほどで標柱が立つ登山口に出る。ここからしばらくは作業道を歩く

4 杉林の中の大岩。ここからはロープのある急登の連続になる

5 主稜線に上がる。案内にしたがい右手に進む

6 玄武城跡。現在は何も残っておらず、説明書きの碑文も読みとれない

7 4等三角点のある974.3メートルピーク。ここが玄武山の最高点となる

8 玄武山山頂。地形図に標高の記載はないが、案内板には974.2メートルとある

09 遠くからでも目立つ双耳峰は、ヒカゲツツジの群生の山

二ツ岳
ふたつだけ
1257m

日帰り

歩行時間＝3時間5分
歩行距離＝4・0㎞

技術度

体力度

コース定数	＝14
標高差	＝566m
累積標高差	↗705m ↘705m

←鹿納山北側のブナの三叉路付近から望む二ツ岳。2つのピークからなることがよくわかる

その名の通り本峰《ほんぽう》と南峰《なんぽう》の2つのピークからなる山で、どの方向からも目立つ山容だ。山頂付近にはヒカゲツツジが群生している。

登山口から作業道を進んでいくと、やがて右手に砂防ダムがあり、さらに進んで荒れた作業道から登山道へ入っていく。しばらくするとクヌギ林となるが、これはシイタケ栽培に利用する目的で育てられているものだ。

やがてクヌギ林を抜け、ジグザグにつけられた登山道を進んでいくと**造林地案内板**が現れ、周囲は植林地となる。急斜面が混じる道をさらに登っていくと、ヒカゲツツジが生えている箇所がある。

ヒカゲツツジに囲まれた二ツ岳本峰山頂

南峰近辺からの本谷山（左）と傾山

少し傾斜も緩んできてロープの張られた箇所をすぎると、林道に出る。広域基幹林道黒原《くろばる》・煤市《すすいち》線で、高千穂《たかちほ》町の黒原地区から日之《ひの》影《かげ》町煤市地区へと通じている。60メートルほど進むと観音像の祀られた**峠**に出て、ここで東の日之影町赤川《あかがわ》からの登山道が合流する。

峠から林道を南へ進み、200メートルほど進んだところに「**煤市林道登山口**」と記された新しい案内板が設置されている。登山口から稜線へ上がるとしだいに道は東へ向かい、斜面を横切るところではロ

■**鉄道・バス**
往路・復路＝富野尾の登山口へのバス路線はなく（山麓を通る路線はあるが登山には不適）、高千穂町市街からタクシーを利用する。所要約30分。

南峰への登山道沿いは、右も左もヒカゲツツジだ

ープも設置されている。

　二ツ岳八幡宮を通りすぎ、しばらくすると左手に岩場が見えてくる。この展望所からは東方向の眺めがよい。このあたりからヒカゲツツジの群生地となり、数こそ少ないがヨウラクツツジも生えている。さらに登ると三叉路となり、右に10㍍も行けば**二ツ岳**の本峰山頂がある。ヒカゲツツジに囲まれた山頂からは、祖母山《そぼさん》方面の眺めがよい。

　三叉路に戻って右折していくと鞍部への下りとなり、登り返すと本峰より3㍍ほど高い**南峰**に着く。こちらはヒカゲツツジだけでなく、アケボノツツジも多い。

　下山は往路を戻る。

CHECK POINT

県道207号から約1㌔林道を走ると二ツ岳の登山口に着く

25分ほどで森林開発公団の造林地案内板に出る

林道に合流し、右に60㍍ほど歩くと祠のある峠に着く

峠から林道を200㍍ほど進んだ煤市林道登山口

樹林の中に佇む二ツ岳八幡宮の小さな祠

二ツ岳南峰。本峰より3㍍高いが展望はない

■マイカー
東九州道延岡JCTから北方延岡道路へ入り、国道218号で高千穂町市街へ。県道7号に入り岩戸地区を経て上岩戸大橋を渡り、左折して県道207号で富野尾方面へ。600㍍ほど進むと二ツ岳登山口への案内板があるので林道へ右折。約1㌔進むと登山口（約10台駐車可）がある。

■登山適期
3～5月、9～12月が適期。アケボノツツジは4月下旬、ヒカゲツツジは4月下旬～5月連休頃が見ごろ。

■アドバイス
▽山頂近くの煤市林道登山口までマイカーで行く場合は、岩戸地区から県道207号へ進み黒原地区へ。黒原地区のすぐ手前に「広域基幹林道黒原・煤市線（起点）」の案内板があり、右折して林道に入る。ふれあいバスの一本松バス停が目印になる。
▽その他のコースとして、東面の日之影町からの赤川コースがある。赤川登山口（30分→←25分）小屋跡（30分→←20分）急斜トラバース地（30分→←20分）峠。

■問合せ先
高千穂町企画観光課☎0982・73・1212、宮交タクシー高千穂営業所☎0982・72・2121

■2万5000分ノ1地形図
見立

10 日隠山

ひがくれやま
1544m

三角形の険しい山容だが、アケボノツツジと展望はみごと

日帰り

歩行時間＝4時間35分
歩行距離＝5.6km

技術度 ★
体力度 ★★

コース定数	＝18
標高差	＝704m
累積標高差	↗ 804m ↘ 804m

南隣の釣鐘山から望む日隠山。右奥に見えるのは鹿納山

日隠山は、日之影《ひのかげ》町中部に位置する九州山地の山で、北東部は鹿《か》納《のう》の野《の》から五葉岳《ごようだけ》へ、南部は鹿川《ししがわ》峠を経て釣鐘山《つりかねやま》へと連なっている。どの方向からみても三角形の険しい山容で、とくに南東部は急崖となって西《にし》の内《うち》川、その上流の鹿納谷へと落ちこんでいる。登山道は、鹿納の野や鹿川峠からは距離が長くなるため、急登にはなるが北西方向にのびる支尾根をたどる。

ヒカゲツツジが着生した大きな露岩。わずかだが展望も得られる

登山口から日隠林道の支線を進んでいくが、道は荒れていて、上部から流れ出てきた土石で埋もれた箇所もある。

やがて**崩壊地**となり直進できないため、目印のテープにしたがい右側の谷へいったん下り、崩壊地をすぎて登り返す。再度荒れた林道を進むが、ここも流れこんできた土石で難儀する。やがて前方に目印のテープが見えてくると、荒れた林道歩きも終わる。ここが**登山道への取付点**だ。

案内板にしたがい、左へ折れて杉林の中に入ると、いきなりの急登となる。展望も得られない杉林の中をひたすら登っていくと、やがて**杉林も終わり**となる。

急登はまだまだ続くが、道沿いに密生するスズタケも、その度合いが薄くなっており、以前ほど苦

■鉄道・バス
登山口までの公共交通機関はない。日之影市街からのタクシー利用は所要約50分、7000円程度。

■マイカー
東九州道延岡JCTから北方延岡道路へ入り、国道218号で日之影町へ。日之影町市街から県道6号で見立方面へ。中村橋で右折して日隠林道へ入り、日隠山登山口へ。

■登山適期
冬期と盛夏以外。アケボノツツジは4月20日前後から5月初旬にかけて、紅葉は10月下旬が見ごろ。

■アドバイス
▽登山口〜登山道取付点間は、所々にある目印のテープを見落とさないこと。
▽廃線となった高千穂鉄道の日之影温泉駅は、露天風呂やジェットバスなどがある温泉やレストラン、物産品直売所となっている。
▽見立近辺の宿泊施設は、水無平に民宿あけぼの荘、見立に民宿河鹿荘、リフレッシュハウス出羽がある。

■問合せ先
日之影町地域振興課☎0982・87・3900、日之影町観光協会☎0982・78・1021、日之影タクシー☎0982・87・2104、日之影温泉駅☎0982・87・2690、民宿あけぼの荘☎0982・87・1116、民宿河鹿荘☎0982・89

三叉路〜北ピーク間のアケボノツツジ大木

北ピーク付近はアケボノツツジが多い(奥は傾山)

労することはない。やがて登山道脇の岩にヒカゲツツジが、頭上にはアケボノツツジも現れる。ヒカゲツツジが着生した大きな**露岩**になると、わずかだが展望が得られる。ミツバツツジやアケボノツツジを眺めながら登っていくと、やがて主稜線の**三叉路**に達する。

右折して90メートルほど進むと**日隠山**の山頂だ。以前は密生するスズタケに囲まれていたが、今はスズタケが少なくなっている。

三叉路に戻り北ピークに向かうと、みごとなアケボノツツジの大木が立っている。さらに先へ進むと、やがて**北ピーク**に達する。アケボノツツジの花の向こうには、祖母山《そぼさん》や傾山《かたむきやま》、向きを変えると五葉岳や鹿納山、大崩山《おおくえやま》とすばらしい光景が広がっている。

下山は**三叉路**まで引き返し、往路を下っていく。

・89・1112、リフレッシュハウス出羽☎0982・89・1220

■**2万5000分ノ1地形図**

大菅

CHECK POINT

簡素なトイレがある日隠山の登山口。ここから荒れた林道を1キロほど歩く

途中にある崩壊地。直進できないため、テープを目印にいったん右の谷へ下る

登山道の取付点。テープの張られたところから左へ登っていく

急登をひたすらこなすと杉林が終わり、自然林となる

三叉路の古びた案内板。日隠山の山頂は右、北ピークへは左に進む

日隠山の山頂に埋まる2等三角点

11 ツツジに彩られるクライミングの名峰

比叡山

ひえいざん
760m

日帰り

歩行時間＝4時間20分
歩行距離＝6.6km

技術度
体力度

コース定数＝**20**	
標高差＝558m	
累積標高差	938m（登り） 938m（下り）

ウォーターギャップが特徴的な西面の矢筈岳からの比叡山

展望のよいカランコロン岩

延岡《のべおか》市北方町《きたかた》にある比叡山は、綱《つな》の瀬《せ》川を挟んで西側の矢筈岳《やはずだけ》に対峙する。その山容は東西に長く断崖絶壁となり、綱の瀬川から400㍍以上もそそり立つ。西の矢筈岳と比叡山との間はひときわ険しい峡谷となっているが、元々ここを流れていた綱の瀬川が、隆起してきた岩脈の一部を削り取った結果生じたもので、ウォーターギャップとよばれる珍しい地形だ。この雄大かつ貴重な景観により、1939（昭和14）年に国の名勝の指定を受けている。また、この200㍍にもなる岩壁をもつことから、鉾岳《ほこだけ》の雌鉾《めんぼこ》スラブとともにロッククライミングの名所として知られ、第一峰《いっぽう》から第三峰《さんぽう》に約70ものクライミングルートをもつ、多くのクライマーを魅了する山だ。

比叡山登山口から階段を進むと、すぐに**千畳敷**《せんじょうじき》だ。広々とした岩場で、正面に矢筈岳の岩壁が立ちはだかり、振り向けば比叡山の岩峰が覆いかぶさるように突っ立っている。先に進むとしだいに急登となる。ヤカタガ岩屋《いわや》への**分岐**を左へ進み、ロープ場をすぎてさらに進むと**ヤカタガ岩屋**だ。

分岐に戻り、さらに急登を登りきると展望が開け、**第一峰**に設置されている石柱に達する。急登から解放され、緩やかに進むと**三叉路①**に出る。さらに進むと再び急登となるが、じきに大きな岩に突き当たる。**三叉路②**だ。

左に進むと数分で760m標高点の**比叡山**山頂で、北方向に日隠《ひがくれ》山《やま》や鹿納山《かのうやま》が望める。花や展望を楽しめるのはここから先なので、**三叉路②**に戻り東方向へと進む。

稜線の緩やかな道で、木立の中に突き立つ大岩があったりする。やがてアケボノツツジやヒカゲツツジも多くなり、道が二手に分かれるが、左は巻道でカランコロン岩の先で合流する。

まっすぐ進むと巨岩の間にハシゴが架かる**カランコロン岩**だ。展望を楽しんだら、いったん下ってさらに東へ進む。ヒカゲツツジの群生地をすぎると、じきに918

岩場近辺に咲くヒカゲツツジ

CHECK POINT

比叡山登山口。まずは階段を上がって千畳敷を目指す

登りはじめから30分弱でヤカタガ岩屋への分岐地に出る。岩屋へは左へ進む

ヤカタガ岩屋。その広さには驚かされる

分岐から20分の登りで「比叡山」と刻まれた石柱に出る。ここが第一峰だ

760メートル標高点の比叡山山頂。突き立った岩の傍らに標識が設置されている

カランコロン岩へのハシゴ場。岩の間を登っていく

918メートルの3等三角点がある稗ノ山。ここが比叡山の最高点となる

南側登山口への分岐地点（三叉路①）。案内にしたがい左にとる

メートル三角点のある**稗**《ひえ》**ノ山**《やま》だ。

下山は**三叉路②**まで戻り、**三叉路①**を左へ進み**南側登山口**へ下る。

■**鉄道・バス**
登山口への公共交通機関はなく、マイカーまたはレンタカー利用となる。

■**マイカー**
東九州道延岡JTCから北方延岡道路へ入り、国道218号で北方町槇峰へ。県道214号へ入り、上鹿川方面へ向かい比叡山登山口へ。JCTから所要約40分。比叡山登山口や南側登山口、北側登山口に計20台ほどの駐車スペースがある。

■**登山適期**
3～7月、9～12月が適期。ミツバツツジは4月上旬、アケボノツツジとヒカゲツツジは4月中旬、紅葉は11月上旬が見ごろ。

■**アドバイス**
▽カランコロン岩の上では、慎重に行動すること。
▽そのカランコロン岩の近くの登山道沿いに、ほとんど白に近い花を咲かせるアケボノツツジの木がある。

■**問合せ先**
延岡市北方町総合支所☎0982・47・3600、宮交タクシー延岡営業所☎0982・32・5431

■**2万5000分ノ1地形図**
日之影

12

クライマーを魅了する圧巻の雌鉾スラブと貴重なツチビノキの花

鉾岳・鬼の目山

ほこだけ
おにのめやま

1277m（雄鉾）
1491m

日帰り

歩行時間＝5時間
歩行距離＝7・4km

技術度
体力度

コース定数＝**22**

標高差＝769m

累積標高差 ↗1033m ↘1033m

鬼の目山は大崩山《おおくえやま》の南にあり、水晶が採れることから、その輝くさまを鬼の目にたとえて山名がついたとされる。大崩山と同じ花崗《かこう》岩《がん》の山で、その西側山腹には雌鉾《めんぼこ》スラブとよばれる岩壁をもつ鉾岳がある。山中にはツチビノキなどの希少な植物が生息し、他の山では見られない独特のものだ。

鹿川《ししがわ》キャンプ場の管理棟と駐車場の間の林道を進むと、10分ほどで右側に**鉾岳登山口**の案内板が出てくる。登山道に入ると、しだいに傾斜も増してきて、やがて右下には鉾岳谷が見えてくる。急登が終わると雌鉾スラブの岩場への分岐があり、さらに進んでいくと最初の徒渉地点（**徒渉点①**）に着く。

岩伝いに左岸に渡り、滝見《たきみ》新道の案内板にしたがって山腹の急斜面を登っていくと、やがて大《おお》滝からの水流が出合う。滝直下から見上げると、白い糸を束ねたような水流がすばらしい。さらに登っていくと従来の登山道と合流し、やがて傾斜も緩んできて、ナメの谷となる。**徒渉点②**の手前に展望所の案内板があり、右へスズタケの切り分けられた道を登っていく。**展望所**の岩場からの眺めは正に絶景で、広大な雌鉾スラブを一望できる。

豪快な雌鉾スラブ（展望所から）。右下は大滝

世界でもここだけに自生するツチビノキ

■鉄道・バス
往路・復路＝鹿川キャンプ場への公共交通機関はなく、マイカーまたはレンタカー利用となる。タクシー利用の場合、延岡市または日之影町からの出発となり、費用も高額となる。

■マイカー
東九州道延岡JCTから北方延岡道路へ入り、国道218号で北方町槇峰へ。県道214号へ入り、上鹿川を経て鹿川キャンプ場（約25台・有料）へ。所要約1時間。

■登山適期
3～11月。アケボノツツジは4月下旬、ササユリは5月下旬～6月初旬、ツチビノキは6月下旬～7月初旬。

■アドバイス
▽鬼の目山の南にある国見山へは、鬼の目山山頂から約1時間。
▽ツチビノキはジンチョウゲ科ガンピ属の低木で、世界でもこの山だけに生息する貴重な花。

■問合せ先
延岡市北方町総合支所☎0982・47・3600、宮交タクシー延岡営業所☎0982・32・5431、日之影タクシー☎0982・87・2104、ニッポンレンタカー延岡駅前営業所☎0982・34・2422、鹿川キャンプ場☎0982・48・0864

■2万5000分ノ1地形図
祝子川

CHECK POINT

鹿川キャンプ場入口にある鉾岳登山口

林道から10分ほどで登山道に入る

鉾岳谷の1回目の徒渉地点

2回目の徒渉地点。展望所へは徒渉せず右折する

爽快な眺めの展望所。周囲は断崖絶壁なので要注意

林道出合。左へ進むと鉾岳、右へ進むと鬼の目山へ

鉾岳の最高点・雄鉾山頂

鬼の目山山頂。密生していたスズタケは枯れている

徒渉点②へ戻り、徒渉して案内板にしたがって進むと林道に出る（**林道出合**）。左折して少し林道を歩き、案内板から谷へ下ると**徒渉点③**となる。徒渉して緩やかに登っていくと、やがて鉾岳最高点・**雄鉾**《おんぼこ》山頂に達する。

徒渉点③へ戻って谷沿いにしばらく下り、右岸から雄鉾との鞍部へ登る。左方へ進んで岩場を登ると雌鉾基部に達し、ロープやハシゴを伝って登ると**雌鉾**山頂だ。

絶景を楽しんだら**徒渉点③**へ戻る。林道を歩いて**林道出合**をすぎ、さらに進むと**鬼の目山登山口**が現れる。川沿いの道からガレ場を登り、尾根に取り付いて枯れたスズタケの間の急斜面を登ると、**鬼の目山**山頂だ。

下山は往路を戻るが、鉾岳へは寄らずに**徒渉点②**を経て、滝見新道へは下らず、従来の登山道を利用しよう。

登山道から見上げる鉾岳

ワク塚尾根核心部・中ワク塚（右）と上ワク塚の岩峰（小積ダキから）

13

大崩山①

原生林から突き上げる花崗岩の岩峰とツツジが登山者を魅了する

おおくえやま
1644m（最高点）

日帰り

歩行時間＝7時間10分
歩行距離＝10・0km

技術度 体力度

コース定数＝29

標高差＝1023m

累積標高差 ↗1131m ↘1131m

延岡《のべおか》市にある日本二百名山の大崩山は、空に突き上げる小積《こづみ》ダキ（「ダキ」は岩壁のこと）やワク塚《づか》岩峰群など荒々しい山容で、人気を集めている。それらの岩峰は花《か》崗《こう》岩からできており、露出した花崗岩の表面が風化してぼろぼろと崩れるさまが、山名の由来となった。山中にはアケボノツツジやササユリの花が咲き誇り、深い原生林と岩峰群に彩りを添える。なお、過去に重大事故も発生しているだけに、充分にトレーニングを積んで臨んでもらいたい。

大崩山登山口から祝子《ほうり》川沿いの登山道を進み、支流の谷を3回横切ると右手に無人の**大崩山荘**が見えてくる。三叉路から左折していくと下山で利用する坊主《ぼうず》尾根ルートで、登路のワク塚ルートは三里《さんり》

■鉄道・バス

往路・復路＝JR日豊本線延岡駅からタクシーで大崩山登山口へ。延岡駅前の延岡バスセンターから祝子川温泉への宮交バスがあるが、平日のみの運行で、バス停から大崩山登山口へ1時間ほど歩く必要がある。

■マイカー

東九州道延岡JCTから県道241号を経て国道218号へ。祇園町交差点で左折して県道16号に入る。東中川原交差点で左折し、県道207号で上祝子の大崩山登山口へ。ICから所要約50分。登山口は路肩に約20台分の駐車スペースがある。

■登山適期

3〜6月、9〜11月が適期。アケボノツツジは4月下旬〜5月連休にかけて、ドウダンツツジとヨウラクツツジは5月下旬、ササユリは6月初旬〜中旬が見ごろ。紅葉は10月中旬〜11月初旬が見ごろ。

■アドバイス

▽このコースは、岩場の通過が多く、難易度も高いため、しっかりと体力をつけ登山経験を積んだ上で計画してほしい。歩行時間も長いだけに、乳房岩や中ワク塚、上ワク塚、象岩などの岩峰に全部上がるとかなり時間を費やしてしまう。また、アケボノツツジや紅葉の時期は登山者が多く、ハシゴ場では順番待ちで人の流れが渋滞してしまうこともある。と

↑袖ダキ展望所からの下ワク塚岩峰

岩場周辺で見かけるササユリ（6月）

河原《がわら》への案内板にしたがって直進する。なお、登山の前日などに降雨があった場合は、先に山荘前の河原に下って、徒渉できるかどうか確認しておこう。

山荘から20分ほどでワク塚ルートと三里河原方面との分岐点（**ワク塚分岐**）で、左折して祝子川の河原に下りる。

川面の上に出ている岩を伝い、慎重に渡って小積谷沿いに進んでいく。巨岩の隙間を通り抜けるとテーブル状の**平らな岩**が現れる。

ここから右手へ進むと、ガレ場の急登がはじまる。急登が終わると、やがて小積ダキ北壁や下ワク塚を望む、**袖《そで》ダキ展望所**にたどり着く。

西へ進むと再び急登となり、やがて下《しも》ワク塚直下の**三叉路**に出る。右は下ワク塚と中ワク塚を通らずに山頂へ行く道だが、近年あまり利用されていない。ここは左へと進んでいく。

ハシゴ場の連続を登りきると下ワク塚で、さらに西へ進むと中《なか》ワク塚の岩峰に達する。次の上《かみ》ワクくに坊主尾根ルートは傾斜が急でハシゴ場が十数箇所にもなるため、時間に余裕をもって行動すること。

▽上ワク塚基部から5分ほど進むと、りんどうの丘への分岐があり、約10分で着く。近くに水場もあり、休憩に最適。水場からさらに進むと坊主尾根ルートに出る。ササユリが咲く時期には山頂へ行かず、ここで休憩して坊主尾根を下る登山者も多い。

▽バス利用の場合は運行時間や本数が限られ、前泊しての登山となる。宿泊地としては、JR日豊本線北川駅近くに民宿大崩の茶屋、バス終点の祝子川温泉バス停近くに祝子川渓流荘、祝子川キャンプ場などがある。

▽上祝子地区には祝子川温泉美人の湯（入浴料510円）があり、下山後に汗を流してから帰路につける。

■問合せ先

延岡市北川総合支所☎0982・46・5010、延岡市観光戦略課☎0982・34・2111、宮交タクシー延岡営業所☎0982・32・5431、宮崎第一交通延岡営業所（タクシー）☎0982・32・4862、扇興タクシー☎0982・33・5353、大崩の茶屋☎0982・20・1161、祝子川渓流荘☎0982・20・1027、祝子川温泉美人の湯☎0982・23・3080

■2万5000分ノ1地形図

祝子川・大菅・木浦鉱山

＊コース図は46・47ページを参照。

アケボノツツジに彩られた小積ダキ三叉路西側の展望所から中ワク塚と上ワク塚を望む

塚へは直進できないため、中ワク塚岩峰の基部の北側をいったん下る。思案《しあん》橋を渡り、登り返すと**上ワク塚の基部**に達する。

基部から少し行くと、りんどうの丘《おか》への道が左に分かれる。さらに進んで**坊主尾根分岐**、続いて宇《う》土内《どうち》谷からの道が合流すると（**三叉路**）、やがて好展望の石塚《いしづか》に達する。さらに5分で**大崩山**の山頂にたどり着くが、山頂は木立の中で展望は得られない。

帰路はしばらく往路を戻り、**坊主尾根分岐**から右手に進み坊主尾根を下る。途中にはワク塚方面の眺めがよい展望所がある。

小積ダキとの三叉路を右にとり、ロープのある地点を通過すると難所の象《ぞう》岩下のトラバース地点に出る。慎重に通過し、さらにハシゴ場の連続する道をひたすら下っていく。

傾斜が緩んでくると**林道分岐**で、再び急な下りから谷沿いに進み、祝子川を慎重に徒渉すると往路の**大崩山荘**に戻ってくる。**大崩山登山口**へは右に進んで30分ほどでたどり着く。

下ワク塚直下の三叉路。ハシゴを登って下ワク塚へ

1等三角点がある大崩山山頂だが展望はない

ワク塚ルート徒渉点から見上げる小積ダキ

CHECK POINT

上祝子の大崩山登山口。登山届箱があるので提出していこう

大崩山荘前の分岐。左は坊主尾根ルート、直進はワク塚ルートや三里河原へ

ワク塚尾根分岐は左に進む。直進は三里河原方面

❸から20分ほどでテーブル状の平らな岩に出る。ここから右折して進む

坊主尾根とワク塚尾根との分岐。下山時は坊主尾根方面に進む

小積ダキの三叉路。時間があれば展望のよい小積ダキへ足をのばそう

危険箇所の象岩下のトラバース地点。この先はハシゴの下りが続く

林道分岐。林道経由は所要時間が長くなる(登山口まで5キロ・1時間15分)

大崩山核心部
1:20,000
大分県
佐伯市
宮崎県
延岡市
喜平越
アケボノツツジ
木山内岳
ガレ場
スラブのトラバース地点
喜平越谷徒渉地
祝子川ゴルジュ
小積ダキ、ワク塚の展望地
ワク塚分岐
平らな岩
袖ダキ展望所
トラバース
大崩山荘
徒渉
林道分岐
小積ダキ
坊主尾根
象岩
見返りの塔
米岩
崩壊地
橋
ハシゴ
大崩山登山口
620m
駐車スペース、登山届箱
小屋跡
町道終点
二枚ダキ
二枚ダキコース
ガレ場では浮石が多い
雨量計
祝子川温泉バス停～大崩山登山口間徒歩約1時間
巣ノ津屋
上祝子
祝子川温泉
祝子川キャンプ場
美人の湯
延岡市街へ
水流
鹿川越
上ワク塚基部
直進不可
中ワク塚
あまり歩かれていない
思案橋
三叉路
ハシゴの連続
下ワク塚
ワク塚ルート
乳房岩
袖ダキ展望所
ガレ場の急登
案内板
りんどうの丘
展望所
小積ダキとの三叉路
坊主尾根ルート
ハシゴが連続する下り
林道分岐
坊主尾根分岐
13 は13大崩山①のCHECK POINT番号です
14 は14大崩山②のCHECK POINT番号です
15 は15大崩山③・鹿納山①のCHECK POINT番号です
1:30,000

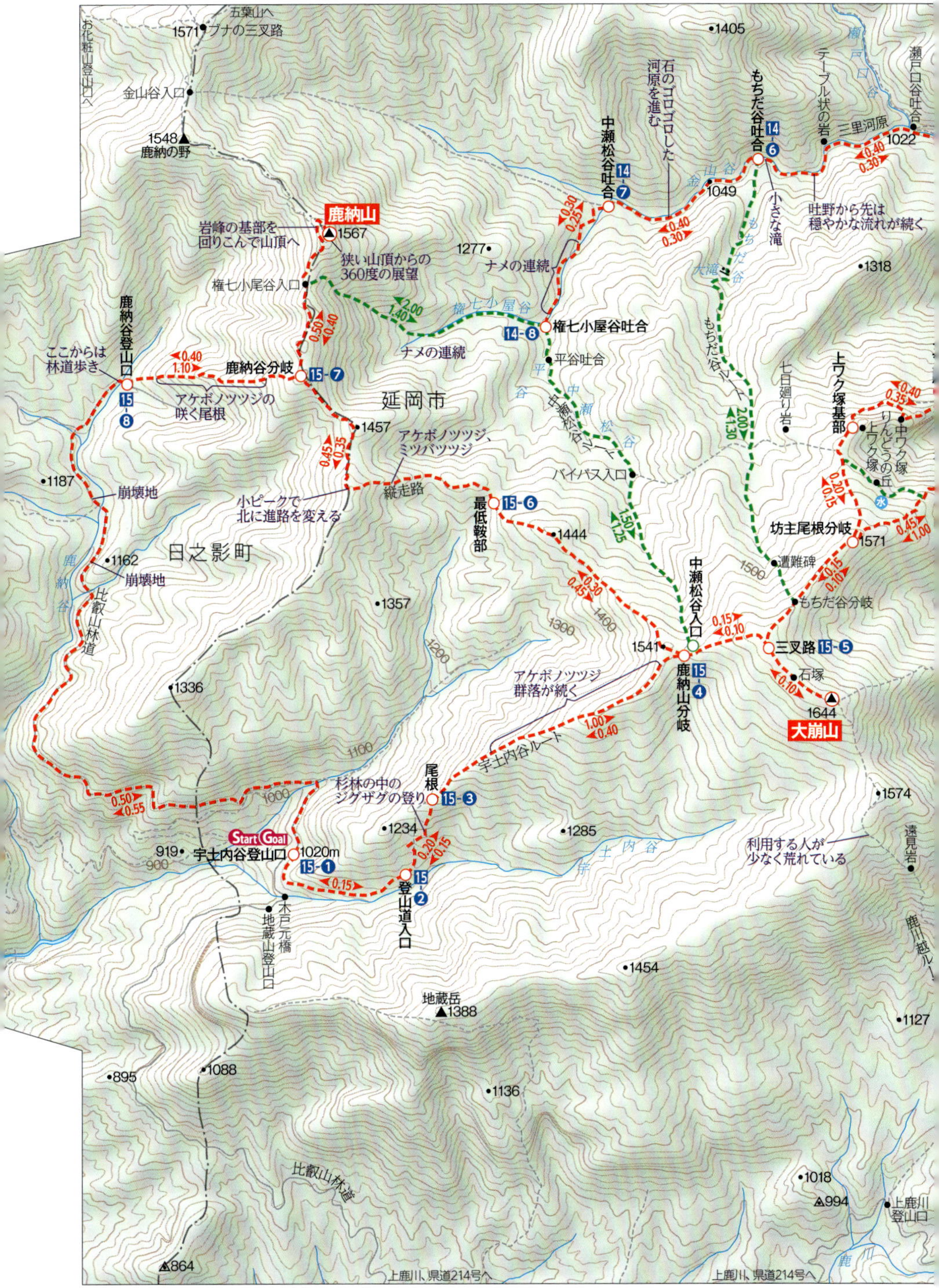

鹿納山
1567
岩峰の基部を回りこんで山頂へ
狭い山頂からの360度の展望
大崩山
1644
鹿納谷登山口
鹿納谷分岐
ここからは林道歩き
アケボノツツジの咲く尾根
延岡市
日之影町
権七小尾谷入口
権七小屋谷吐合
ナメの連続
中瀬松谷吐合
もちだ谷吐合
石のゴロゴロした河原を進む
小さな滝
吐野から先は穏やかな流れが続く
テーブル状の岩
三里河原
瀬戸口谷吐合
1022
1049
1405
1318
1277
1457
アケボノツツジ、ミツバツツジ
縦走路
小ピークで北に進路を変える
最低鞍部
1444
中瀬松谷入口
鹿納山分岐
1541
三叉路
石塚
坊主尾根分岐
1571
もちだ谷分岐
遭難碑
上ワク塚基部
中ワク塚
上ワク塚
りんどうの丘
七日廻り岩
もちだ谷ルート
中瀬松谷ルート
バイパス入口
平谷吐合
アケボノツツジ群落が続く
宇士内谷ルート
尾根
杉林の中のジグザグの登り
Start Goal
宇土内谷登山口 1020m
登山道入口
木戸元橋
地蔵山登山口
地蔵岳 1388
1234
1285
1454
1574
利用する人が少なく荒れている
遠見岩
鹿川越ルート
1127
1018
994
上鹿川登山口
上鹿川、県道214号へ
比叡山林道
崩壊地
1187
1162
1357
1336
919
895
1088
1136
864
1548 鹿納の野
金山谷入口
1571 ブナの三叉路
五葉山へ
お化粧山登山口へ

14 大崩山②
祝子川源流域の豊かな原生林と渓谷美を満喫する

おおくえやま
1644m（最高点）

日帰り

歩行時間=7時間5分
歩行距離=11.5km

技術度
体力度

コース定数	=26
標高差	=731m
累積標高差	↗913m ↘913m

権七小屋谷吐合から見た中瀬松谷。このあたりがコース最大の見どころとなる

大崩山は東面や南面に多数の花崗《かこう》岩の岩峰や岩壁をもち、東側の夏木《なつき》山《やま》から木山内岳《きやまうちだけ》へと続く山並みとの間を流れる祝子《ほうり》川は、祝子川ゴルジュとよばれる狭い峡谷の急流となっている。しかしその上流域には、対照的ななめらかな岩床と清流の、美しい景観が広がっている。

大崩山登山口から祝子川沿いに進み、ワク塚《づか》ルートと三里河原《さんりがわら》の分岐点（**ワク塚分岐**）をさらに直進する。5分ほどで急な登りとなり、そこの岩場からは小積《こづみ》ダキやワク塚方面の展望が開ける。いったん下り、緩やかな登山道をさらに進んでいくと、**喜平越《きへいごし》谷の徒渉地**となる。

小さな支谷を何度か横切っていくと傾斜が出てきて、やがて樹林帯から開けた場所に出る。この花崗岩のスラブ地では設置されたロープを伝って横切っていくが、この数十《メートル》真下は祝子川ゴルジュとよばれる、両岸が狭まったV字谷となっている。ハシゴ場やクサリ場、**トラバース地点**を慎重に通過していくと広場があり、左に下ると**吐野《はきの》**とよばれている三里河原の入口だ。ここから瀬戸口《せとぐち》谷吐合《はきあい》にかけては数年前の台風による大雨の際に大量の土石が流れこみ、昔の面影がなくなっている。

緩やかな流れを見ながら進んでいくと、石がゴロゴロした川床からなめらかな川床となる。平らなテーブル状の大岩をすぎると、やがて**もちだ谷吐合**の滝壺だ。登山道は滝壺の手前から右岸の広場へ上がり、もちだ谷を徒渉して滝の上流で河原に戻る。

再び石がゴロゴロした河原となるが、金山谷と分かれて**中瀬松《なかせまつ》谷**に入ると傾斜も増してきてなめらかな川床となり、斜滝やナメ滝も

なめらかな一枚岩の流れ

出てくる。権七小屋《ごんしちごや》谷吐合あたりがいちばんの見どころだ。なめらかな清流は平《ひら》谷吐合あたりまで続くが、日帰り登山ではこのあたりで引き返す方が無難。

　下山は往路を戻る。

7月上旬、ヤマボウシ咲く三里河原

CHECK POINT

登山口から30分ほどで避難小屋の大崩山荘前へ。ここを直進する

さらに進むとワク塚尾根との分岐に出て、ここも直進する

喜平越谷の徒渉地点。右に木山内岳への道が分かれる

ロープの張られた、スラブのトラバース地点

緩やかな流れの吐野。ここから三里河原へと入る。増水時は徒渉不可

もちだ谷吐合。上方からの流れが本流、左からもちだ谷が合流する

中瀬松谷吐合。ここで金山谷を離れ、左手の中瀬松谷へ

権七小屋谷吐合。左が中瀬松谷、右から権七小屋谷が合わさる

■鉄道・バス
往路・復路＝42㌻「大崩山①」を参照のこと。

■マイカー
42㌻「大崩山①」を参照のこと。

■登山適期
年間通して可能だが、冬期（12〜2月）はアイゼン必携。アイゼンは6本爪でも可。紅葉は10月下旬から11月上旬が見ごろ。

■アドバイス
▽冬期に冷えこみが続くと、吐野からもちだ谷吐合付近にかけて全面氷結することもある。
▽権七小屋谷吐合から中瀬松谷をさらに遡って大崩山頂までは約2時間30分。権七小屋谷吐合から鹿納山までは約2時間。

■問合せ先
延岡市北川総合支所☎0982・46・5010、延岡市観光戦略課☎0982・34・2111、宮交タクシー延岡営業所☎0982・32・5431、宮崎第一交通延岡営業所（タクシー）☎0982・32・4862、扇興タクシー☎0982・33・5353、大崩の茶屋☎0982・20・1161、祝子川渓流荘☎0982・20・1027、祝子川温泉美人の湯☎0982・23・3080

■2万5000分ノ1地形図
祝子川・大菅・木浦鉱山

＊コース図は46・47㌻を参照。

15

大崩山③・鹿納山①

大崩山から鹿納山へ、アケボノツツジ満喫ルートを行く

おおくえやま 1644m（最高点）
かのうやま 1567m

日帰り

歩行時間＝6時間35分
歩行距離＝12・9km

技術度

体力度

コース定数＝28

標高差＝623m

累積標高差 1245m 1245m

大崩山には個性的な複数のコースがあるが、西面の宇土内谷《うどうち》ルートは最も短い時間で登ることができる。アケボノツツジの群生地を通るため、花の時期はとくに登山者が多い。

ここでは宇土内谷登山口を起点に大崩山の山頂に立ち、登頂後は北西の「鹿納坊主《ぼうず》」とよばれる岩峰をもつ鹿納山へ足をのばす周回コースを紹介する。

宇土内谷登山口から林道をしばらく歩き、道が左へ大きく曲がる地点で杉林に入る。再び林道に出て、しばらく進むと**登山道への入口**に出る。ここから杉林の中をジグザグに登っていくと、やがて周囲にスズタケが増えてきて、**尾根**に達する。すぐ横にツガの大木が立っていて、目印になる。

スズタケの密生する自然林の中を登っていくとアケボノツツジの木が多くなり、4月下旬にはあたりはピンクに彩られる。小ピークをすぎると右手には大崩山頂も見えてきて、ほどなく**鹿納山《かのうやま》への分岐**だ。続いて中瀬松谷《なかせまつ》へ下る分岐があり、しだいに傾斜も緩んでくる。ほとんど平坦な道になると、左から上祝子《かみほうり》方面からの登山道が合流する**三叉路**に達し、じきに石《いし》塚《づか》、そして**大崩山**山頂となる。

鹿納谷分岐方面から望む西面の日隠山

鹿納山分岐まで戻り、右折して坂道を下っていく。以前はスズタケが密生して進むのに苦労したが、今は楽に歩ける。いったん下ったのち、1444メートルピークに登り返して下ったところが**最低鞍部**《あんぶ》で、左手は植林地となっている。

アップダウンを2度くり返して西向きに登っていくと、アケボノツツジやミツバツツジが再び現れる。小ピークで北へと向きを変え、1457メートルピークから登り返すと、**鹿納谷分岐**に達する。

アケボノツツジが咲く道を、アップダウンをくり返しながら北へ進むと、やがて鹿納坊主《ぼうず》ともよばれる鹿納山の岩峰の基部に着く。西側から岩峰の北側に回りこんで岩場を登ると**鹿納山**の山頂だ。

下山は**鹿納谷分岐**へ戻り、右折

登山道沿いのアケボノツツジ

背後に大崩山を望む鹿納山の山頂

する。この下りもアケボノツツジ咲き乱れる道だ。ひたすら下ると林道に降り立つ。ここが**鹿納谷登山口**で、林道を歩いて**宇土内谷登山口**へ戻る。

CHECK POINT

1 宇土内谷登山口。約10台分の駐車スペースがある

2 登山道入口。大崩山登山口の案内板が立っている

3 尾根に上がると、ツガの大木が立っている

4 尾根道を登ると、左から鹿納山からの道が合流する

5 三叉路。上祝子からの道との分岐地だ

6 森林管理署の標示がある最低鞍部。左手は植林地

7 鹿納谷分岐。鹿納山を往復してここに戻ってくる

8 鹿納谷登山口。ここからは林道歩きで1に戻る

■鉄道・バス
登山口までの公共交通機関はない。
■マイカー
東九州道延岡JCTから北方延岡道路へ入り、国道218号で北方町槙峰へ。県道214号へ入り、上鹿川を経て比叡山林道を進み、宇土内谷に架かる木戸元橋の200㍍先の宇土内谷登山口へ。ICから所要1時間30分。
■登山適期
3月から11月。アケボノツツジは4月下旬から5月初旬、紅葉は10月下旬が見ごろ。
■アドバイス
▽鹿納谷分岐から鹿納山の区間をカットすれば1時間30分少なく周回できる。大崩山から鹿納山の間はアップダウンの連続だけに身体の疲労の度合いも考慮し、臨機応変に対処してほしい。
▽北方町上鹿川地区にある鹿川キャンプ場は、鉾岳や渓流を前にする好ロケーション。ここをベースに登山に臨むのもおすすめだ。
■問合せ先
延岡市北方総合支所☎0982・47・3600、宮交タクシー延岡営業所☎0982・32・5431、鹿川キャンプ場☎0982・48・0864
■2万5000分ノ1地形図
祝子川・大菅・見立

＊コース図は46・47㌻を参照。

16

鹿納山②

アケボノツツジと祝子川源流域の原生林を展望する山

かのうやま 1567m

日帰り

歩行時間＝4時間35分
歩行距離＝6・5km

技術度
体力度

コース定数＝20
標高差＝525m
累積標高差 954m 954m

アケボノツツジが咲く鹿納山の北稜線から見た鹿納坊主の岩峰

　鹿納山は大崩《おおくえ》山《やま》の北西にあり、「鹿納坊主《ぼうず》」ともよばれる際立った岩峰をもっている。やせ尾根の連続する稜線上からは祝《ほう》子《り》川源流域の原生林が一望でき、アケボノツツジの咲く時期だけでなく、新緑・紅葉もすばらしい。

　お化《け》粧《しょう》山《やま》登山口から植林地へと入っていき、作業小屋跡の手前から左上へ上がってジグザグにつけられた道をしばらく行くと、涸れた谷となる。ここから谷沿いに登っていく。以前はヤマシャクヤクが群生していたが、今では少し残っているだけになってしまった。

　正面の壁が近づいてきたら右の尾根へ回りこんで稜線へと上がる。ここのちょっとしたピークが**お化粧山**の山頂で、山名の由来が書かれた案内板がある。

　鞍部へ少し下り、緩やかな尾根を歩いていくと、やがて枝を大きく広げたブナが立っている。**ブナの三叉路**とよばれている1571メートルピークで、右へ行くと鹿納山、左はお姫山《ひめやま》を経て五葉岳《ごようだけ》である（五葉岳へは56ページを参照）。

　右折して下っていくと岩場が見えてくるが、ここは手前から右へ

■**鉄道・バス**
往路・復路＝お化粧山登山口までの公共交通機関はない。日之影町市街の日之影バス停からのタクシー利用は所要約1時間、約8000円。

■**マイカー**
東九州道延岡ＪＣＴより北方延岡道路へ入り、国道218号で日之影町市街地へ。県道6号で見立方面へ進み中村橋で右折。日隠林道へ入り、お化粧山登山口へ。冬期は林道の積雪や凍結に注意。

■**登山適期**
アケボノツツジは4月20日前後から5月初旬にかけて、紅葉は10月下旬が見ごろ。

■**アドバイス**
▽紹介コース以外に南西の鹿納谷からのコースや、大崩山への縦走路などがある。
▽廃線となった高千穂鉄道の日之影温泉駅は、露天風呂やジェットバスなどがある温泉やレストラン、物産品直売所となっている。
▽見立近辺の宿泊施設は、水無平に民宿あけぼの荘、見立に民宿河鹿荘、リフレッシュハウス出羽（いずるは）がある。

■**問合せ先**
日之影町地域振興課☎0982・87・3900、日之影町観光協会☎0982・78・1021、日之影タクシー☎0982・87・2104、日

と下り西側を巻いていき、金山《かなやま》谷入口へ向かう。そのまま南へと進み登り返すと**鹿納の野《の》**で、ここで道は東へと向きを変える。進んでいくとアケボノツツジの群生地で、所々にシャクナゲも見られる。

↑「ブナの三叉路」とよばれる1571メートルピーク。名前通り、四方八方に枝を広げたブナの木が立っている

←お化粧山の登路にあるヤマシャクヤク群生地(花期はアケボノツツジと同時期か一週遅れ)。近年はその数を減らしている

やがて前方に岩峰が現れるが、手前を右に下って西側を巻いていく。鋭角に曲がり登り返していくと、鹿納坊主ともよばれる鹿納山の岩峰が目前に迫ってくる。岩場を慎重に登っていくと、**鹿納山**頂に達する。360度、何もさえぎるものはなく、最高の展望所だ。なお、狭い岩峰の上なので慎重に行動してほしい。

下山は往路を下る。

之影温泉駅☎0982・87・2690、民宿あけぼの荘☎0982・89・1116、民宿河鹿荘☎0982・89・1112、リフレッシュハウス出羽☎0982・89・1220

■2万5000分ノ1地形図
見立・大菅

CHECK POINT

1 日隠林道のお化粧山登山口。登山口の手前に約10台分の駐車スペースと簡易トイレがある

2 お化粧山(御化粧山)は主稜線へ上がる途中にある小ピーク。山名由来の案内板があるので目を通してみよう

3 アセビなどの低木に囲まれた鹿納の野。この先はアケボノツツジの群生地の道となる

4 「鹿納坊主」ともよばれる鹿納山の狭い山頂。大崩山のワク塚岩峰群や祝子川の原生林、五葉岳や傾山などが一望できる

＊コース図は54・55ページを参照。

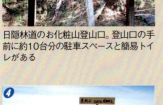

大流れ越、桧山へ
鋸切尾根
鹿ノ背
夏木新道登山口、藤河内へ
夏木新道
船石
夏木山
1386
18-8
東展望所
アケボノツツジ
山頂から徒歩2分
0.10
18-7
三叉路
•1198
ミツバツツジ、アケボノツツジ、ヤマシャクヤク、タンナトリカブト
0.15
18-5
夏木山への分岐
アセビ群生地
鹿の子山
1402
18-6
0.30
0.35
17-5
三叉路
0.05
0.30
0.40
ブナとヒメシャラの森
0.05
0.10
18-4
五葉岳
1570
大分県
佐伯市
瀬戸口谷分岐
瀬戸口谷入口
アケボノツツジ、ヒカゲツツジ
0.20
0.15
夏木山分岐
お姫山
乙女山
1517
0.15
0.20
0.30
1500
展望よい
1400
1300
•1393
•1405
瀬戸口谷
宮崎県
延岡市
1200
大崩山登山口へ
もちだ谷吐合
シャクナゲ
中瀬松谷吐合
三里河原
岩峰の西側にいったん下って鋭角に曲がる。西側に進みすぎないように注意
1100
•1049
金山谷
鹿納山
1567
16-4
権七小屋谷入口
狭い山頂からの360度の展望
•1277
中瀬松谷
もちだ谷
権七小屋谷
権七小屋谷吐合
平谷
鹿納谷分岐
宇土内谷登山口、大崩山へ

16は16鹿納山②のCHECK POINT番号です
17は17五葉岳のCHECK POINT番号です
18は18夏木山のCHECK POINT番号です
N
0
500m
1:20,000
17-6
兜巾岳
0.05
桧林
0.30
0.45
兜巾分岐
•1356
兜巾岳登山口
谷を下っていく
0.50
1.00
0.05
林道に出る
17-1
18-1
Start Goal
大吹登山口
1168m
17-2
0.30
0.20
伐採地上部
桧林が続く
18
2
0.50
0.40
洞岳
1242
ヤマシャクヤク、
タシナトリカブト
伐採地
お化粧山登山口〜
大吹登山口間は
徒歩30分
17-3
支尾根に出る
(案内板あり)
ブナ、ヒメシャラ
•1256
1.00
0.45
お化粧山
16-2
ブナの三叉路
1.00
0.40
0.30
0.20
1500
ヤマシャクヤク
Start Goal
1042m
1400
1571
17-4
WC
お化粧山登山口
16
1
崩壊地
1300
岩峰の西側に
いったん下って登り返す
0.20
日隠林道
•1266
金山谷入口
1200
1100
•1141
1548
16-3
鹿納の野
アケボノツツジ
中村橋、日之影市街へ
日之影町
•1405
•1275
鹿納谷
比叡山林道
鹿納谷登山口
上鹿川、日之影市街へ

五葉岳山頂からの北方向の眺め。傾山やその左奥にくじゅうの山々が見える

17

ヤマシャクヤクにアケボノツツジ、ミツバツツジが咲く花の山

五葉岳

ごようだけ
1570m

日帰り

歩行時間＝3時間35分
歩行距離＝6・2km

技術度
体力度

コース定数＝15

標高差＝402m

累積標高差 ↗642m ↘642m

岩峰を抱くお姫山の山頂部

五葉岳はとくに際立った山容ではないが、西側の洞岳《どうだき》にかけては石灰岩の露岩もあり、大吹《おおぶき》鉱跡や見立《みたて》鉱山など、過去に金属鉱物を産出していた山でもある。石灰岩質の山であることから、野草の種類も多く、興味のつきない山だ。

大吹登山口から涸れ谷沿いの登山道を進む。周囲はタンナトリカブトやヤマシャクヤクの群生地だ。やがて案内板があり、左方は五葉岳、右はブナの三叉路となっている。ここは右のルートへ行こう。

しばらく谷沿いを進むと、やがて左岸へと上がり、ブナの三叉路から北西にのびる支尾根を目指して登っていく。周囲はブナやヒメシャラの森で、心地よく登っていける。

じきに案内板が現れて、支尾根に達する。左折して支尾根をさらに進んでいくと、やがて大きく枝を広げたブナの木が見えてくる。ここが**ブナの三叉路**とよばれている1571メートル標高点で、右へ行くと鹿納山《かのうやま》、左へ行くとお姫山《ひめやま》を経て五葉岳である。左折して緩やかな稜線を行くと、じきに**お姫山**

■**鉄道・バス**
往路・復路＝大吹登山口までの公共交通機関はない。日之影町市街の日之影バス停からのタクシー利用だと、所要約1時間20分・9000円程度。

■**マイカー**
日之影町市街地より県道6号で中村橋へ向かい、右折して日隠林道へ入り大吹登山口へ。冬期は林道の積雪や凍結に注意。

■**登山適期**
アケボノツツジは4月下旬から5月連休にかけて、タンナトリカブトは9月はじめから10月初旬まで、紅葉は10月下旬頃。

■**アドバイス**
▽鹿納山の岩稜をバックにアケボノツツジや枯木が見られるお姫山や乙女山は、絶好の撮影ポイントである。
▽大吹登山口から東にのびる尾根の南面につけられた道を登れば、最短時間（1時間20分）で五葉岳の山頂に立てる（58ページ「夏木山」参照）。

■**問合せ先**
日之影町地域振興課☎0982・87・3900、日之影町観光協会☎0982・78・1021、日之影タクシー☎0982・87・2104、日之影温泉駅☎0982・87・2690

■**2万5000分ノ1地形図**
見立

乙女山にあるアケボノツツジの大木

3等三角点の石柱が立つ五葉岳山頂

頂にたどり着く。

展望を楽しんだら岩峰の基部から東へと進んでいくと、鞍部から少しの登りで1517メートルピークに達する。**乙女山**《おとめやま》とよばれている1517メートルピークに達する。鹿納山・五葉岳の稜線より東側につき出ているぶん、眼下に広がる原生林の眺めは最高だ。枯木やアケボノツツジの中に露岩の点在する光景は、まさに絶景である。

お姫山へと戻り、北進すると瀬《せ》戸口《とぐち》谷分岐のある鞍部へいたる。ここから少しの急登で**五葉岳**の山頂へたどり着く。東方向の一部が見えないだけで展望がよい。

ひと休みしたら、山頂から北へ兜巾岳《とっきんだけ》を目指そう。**夏木山**《なつきやま》**への分岐**をすぎるとミツバツツジやアケボノツツジのトンネルとなる。1488メートル標高点付近では登山道の右手がシャクナゲの森となり、やがて**兜巾分岐**に出る。分岐から200メートルで**兜巾岳**の山頂に達する。

下山は**兜巾分岐**へ戻って右折し、桧林を経て**兜巾岳登山口**のある林道に下り、5分ほどで**大吹登山口**に帰り着く。

CHECK POINT

1 五葉岳の大吹登山口。約10台分の駐車スペースがある（トイレはない）

2 登山口からほどなくブナの三叉路と五葉岳への分岐がある。ブナの三叉路へは右に進む

3 谷沿いに登っていくとブナの三叉路への案内板がある。このあたりでブナの三叉路からの支尾根に上がる

4 ブナの三叉路直下の分岐。ここで右からお化粧山登山口からのコースが合流する。ブナの三叉路へはすぐだ

5 五葉岳山頂から北に向かうと兜巾岳と大吹登山口への分岐に出る。ここでは兜巾岳に向かうが、時間がなければ大吹登山口へ直接下ろう

6 兜巾岳の山頂は樹林帯の中で展望は期待できない

＊コース図は54・55ページを参照。

18

夏木山

ブナの森を歩いてアケボノツツジ咲く山頂へ

なつきやま
1386m

日帰り

歩行時間＝5時間5分
歩行距離＝7・9km

技術度

体力度

コース定数	＝**20**
標高差	＝402m
累積標高差	↗ 811m ↘ 811m

樹林に囲まれた夏木山の山頂

夏木山は、宮崎県日之影《ひのかげ》町と大分県佐伯《さいき》市の境に位置し、東側は佐伯市宇目《うめ》の藤河内《ふじがわち》渓谷、西側は日之影町の見立《みたて》渓谷へと険しく落ちこみ、北へ連なる稜線は鋸《のこぎり》切尾根が続いている。このあたりはアケボノツツジやシャクナゲの群生地で、花の時期には多くの登山者でにぎわう。夏木山への登山道は佐伯市側が主であるが、ここでは日之影町からの登山道を紹介する。

大吹《おおぶき》登山口から涸れ谷沿いの登山道を行く。道沿いでは5月初旬にヤマシャクヤクがいっせいに大きな花を咲かせ、タンナトリカブトの若芽も群生している。谷から左へ上がると伐採地となり、急登をジグザグに上がっていくが、すべらないように足もとに注意しよう。**伐採地が終わって**植林地に入ると、傾斜も緩む。

植林地から自然林となりガレ場になると、五葉岳《ごようだけ》の山頂直下である。アケボノツツジや岩場にはヒカゲツツジも見られ、9月にはタンナトリカブトの花が咲き乱れる。

五葉岳山頂でひと息いれたら、兜巾岳《とっきんだけ》方向へ向かう。10分ほどで**夏木山への分岐**に出て、右折して稜線を越し、左手に緩やかに下っていく。アセビの群生地を抜けてしばらくするとブナやミズナラの森となり、心地よく歩いていくと1402㍍標高点あたりに達する。**鹿の子山《かのこやま》**と書かれた古い案内板があり、ヒメシャラの多い森になる。

やがて、緩やかな登りとなり、**三叉路**に達する。ここで右手から瀬戸口《せとぐち》谷からの登山道が合流する。10分も歩くと、アケボノツツジの群生する**夏木山**山頂である。山頂からは北方向の眺めがよく、鹿ノ背《しかのせ》などの鋸切尾根の向こうには傾山《かたむきやま》が大きな山体を見せている。東側に2分ほど進むと、大崩《おおくえ》山《やま》方面の展望がよい岩場がある。

帰りは往路を戻るが、五葉岳には登り返さずに、**夏木山への分岐**をすぎたら**三叉路**を右へ進み、五葉岳北側の谷沿いに下っていこう。秋にはタンナトリカブトの花が楽しめる。

やがて荒れた林道に出て、**兜巾岳登山口**の案内板が現れ、**大吹登山口**にたどり着く。

夏木山山頂のアケボノツツジ

■鉄道・バス
往路・復路＝大吹登山口へは56㌻「五葉岳」を参照。
■マイカー
大吹登山口へは56㌻「五葉岳」を参

夏木山山頂の東展望所は大崩山方面の眺めがよい

CHECK POINT

1 大吹登山口から出発。五葉岳までひたすら登りが続く

2 伐採地の急登を経て桧林へと入っていく

3 やがてヒノキの植林地から雑木林へと変わっていく

4 本コースの最高点となる五葉岳の山頂

5 夏木山への分岐。右折して縦走路に入る

6 途中「鹿の子山」と記された古い案内板がある

7 三叉路。夏木山へは案内板にしたがい左斜め方向へ進む

8 夏木山山頂。南方向に大崩山が見える

照。

■登山適期

アケボノツツジは4月下旬から5月連休、ヤマシャクヤクは同時期もしくは1週間遅れ。タンナトリカブトは9月はじめから10月初旬まで、紅葉は10月下旬頃。

■アドバイス

▽夏木山登山の代表的なコースは、シャクナゲとアケボノツツジの群生地の中を登ってくる大分県側からの夏木新道だろう。所要時間も往復で4時間弱と短く、危険な箇所もない。同じく大分県側の犬流れ越ルートは岩場の通過を伴う鋸切尾根の連続で、多少の技術と体力を要する。犬流れ越から夏木山へは2時間30分、犬流れ越・夏木新道の周回ルートは4時間50分。上祝子の大崩山登山口から吐野・瀬戸口谷を経て夏木山へは約5時間。

▽見立周辺の宿泊施設、日之影市街の温泉は52ページ「鹿納山」のアドバイス欄を参照。

■問合せ先

日之影町地域振興課☎0982・87・3900、日之影町観光協会☎0982・78・1021、日之影タクシー☎0982・87・2104、日之影温泉駅☎0982・87・2690

■2万5000分ノ1地形図

見立・木浦高山

＊コース図は54・55ページを参照。

19 ブナやヒメシャラの森で森林浴を楽しむ

新百姓山・桧山

しんひゃくしょうやま 1273m
ひのきやま 1297m

日帰り

歩行時間＝4時間
歩行距離＝6・7㎞

技術度 ▲▲▲▲▲
体力度 ♥♥♥♥♥

コース定数＝**16**

標高差＝415m

累積標高差 ↗683m ↘683m

コースの見どころのひとつ、ブナとヒメシャラの森

乙女山からの眺め。右奥は夏木山、左奥は新百姓山と桧山

新百姓山と桧山は、日之影《ひのかげ》町と大分県佐伯《さいき》市の境に位置する山で、傾山《かたむきやま》から南へのびる稜線は、杉ヶ越《すぎがごえ》から新百姓山、桧山、夏木山を経て、木山内岳《きやまうちだけ》や五葉岳《ごようだけ》へ連なっている。桧山は国土地理院の地形図には記載されていないが、新百姓山の南に位置する1297㍍標高点のある山を指している。

県道6号の杉ヶ越トンネルの宮崎県側に、**杉ヶ越登山口**がある。ここから杉林の中をジグザグに登ると、杉園大明神《すぎがこいだいみょうじん》（杉ヶ越大明神）の階段手前に「新百姓山杉ヶ越登山口」と記された案内板がある。ここを右折し、南方向へ進んでいく。

自然林の中を、緩やかながらもアップダウンをくり返して登っていく。1004㍍標高点から道は南東方向へと向きを変え、やがて**露岩**が現れる。次のピークの少し手前で少し展望が開け、二《ふた》ツ岳《だけ》の双耳峰が見える。

ピークを越えて緩やか

■鉄道・バス
往路・復路＝登山口の杉ヶ越トンネルまで日之影町市街からタクシーで入れるが距離が長い。

■マイカー
東九州道延岡JCTから北方延岡道路へ入り、国道218号で日之影町市街へ。県道6号に入り、杉ヶ越トンネルへ。延岡JCTから約1時間10分。駐車スペースはトンネルの手前に2～3台程度。

■登山適期
3～7月、9～12月が適期。アケボノツツジは4月下旬から5月上旬、シャクナゲは5月上旬、紅葉は10月中旬が見ごろ。

■アドバイス
▽桧山から犬流れ越まで40分、犬流れ越から夏木山は2時間40分。
▽見立近辺の宿泊施設は、水無平に民宿あけぼの荘、見立に民宿河鹿荘、リフレッシュハウス出羽がある。

■問合せ先
日之影町地域振興課☎0982・87・3900、日之影町観光協会☎0982・78・1021、日之影タクシー☎0982・87・2104、民宿あけぼの荘☎0982・89・1116、民宿河鹿荘☎0982・89・1112、リフレッシュハウス出羽☎0982・89・1220

■2万5000分ノ地形図
木浦鉱山・見立

に下っていくと、**新百姓山への案内板**が出てくる。再び緩やかな坂道を進むと枯れたブナの大木があり、秋にはキノコが大発生する。

枯れたブナの木から発生した大量のキノコ

さらに進むと今度は生きている、みごとな**ブナの大木**が立っている。

先に進んで、しだいに傾斜が増してくると、あたりはヒメシャラの幼木が多くなる。やがてブナやヒメシャラの森となり、じきに**新百姓山**山頂に着く。

桧山へは、さらに稜線を南へ向かう。再びヒメシャラの森となり、やがてこちらにも枯れたブナの大木がある。登山道脇にはシャクナゲもあり、じきに山頂への最後の急登が見えてくる。ロープの張られた箇所もあるやせ尾根を慎重に登っていくと、アケボノツツジが多い**桧山**の山頂に達する。

下山は往路を戻る。

CHECK POINT

1

杉ヶ越トンネルの宮崎県側にある登山口。右上へと進んでいく

2

5分ほどで新百姓山杉ヶ越登山口の案内板がある場所に着く。新百姓山は右へ

3

トンネルの上にある杉園大明神(杉ヶ越大明神)

4

❷から30分ほど尾根道を登っていくと、露岩が現れる

5

展望地から下ると新百姓山への案内板がある。このへんが新百姓山への中間点

6

みごとなブナの大木。幹回りや枝ぶりも立派なものだ

7

新百姓山山頂。三角点と山頂標識は左手に10メートルほど進んだところにある

8

桧山の山頂は展望こそあまりないが、代わりにアケボノツツジが多い

20

急登に咲くアケボノツツジとシャクナゲの花を満喫

桑原山（八本木）

くわばるやま（はっぽんぎ）
1408m

日帰り

歩行時間＝4時間50分
歩行距離＝5・5km

技術度
体力度

コース定数＝20

標高差＝900m

累積標高差 ↗905m ↘905m

夏木山の東展望所からの桑原山

アケボノツツジが咲く鹿納山北稜線から望む木山内岳と桑原山

桑原山は、延岡《のべおか》市と大分県佐伯《さいき》市の境に位置する山で、別名「八本木」ともよばれる。稜線は西から北西にのびて木山内岳《きやまうちだけ》から夏木《なつき》山《やま》へと連なり、祝子《ほうり》川を挟んで南西側には大崩山《おおくえやま》がある。大崩山と同じ花崗《かこう》岩からなる山で、南面は急崖地が続く、険しい山容をしている。このため山頂にいたるには、南東方向に位置する矢《や》立《たて》峠からの尾根道を登っていたが、北東尾根からの登山道が整備されてからは、こちらが主に利用されている。

「上人《しょうにん》の岩屋《いわや》・八本木登山口」と記された標柱と上人の岩屋についての案内板が立てられている**登山口**から、まずは杉林の中を登っていく。やがて杉林が終わって自然林となり、しだいに傾斜が増していく。周囲の地形も変わり、大岩が現れたり、岩壁の基部の横

■鉄道・バス
登山口までの公共交通機関はない。

■マイカー
東九州道北川ICを右折して国道10号へ入り、曽立交差点から国道326号へ。桑の原トンネル手前を左折してすぐのT字路をさらに左折して上祝子方面へ。黒内地区を通り、国道326号の左折地から約3キロで三叉路に出る。林道黒内線と上人の岩屋登山口の案内板がある。右折して進み、1・2キロで終点の登山口。

■登山適期
3〜7月と9〜12月が適期。アケボノツツジは4月下旬から5月上旬、シャクナゲは5月上旬、紅葉は10月中旬が見ごろ。

■アドバイス
矢立峠経由のルートは、矢立峠から下りの登山道にわかりづらくなっている箇所があり、注意が必要。初心者向きではない。登山口（40分→←30分）矢立峠（1時間30分→←1時間15分）桑原山

■問合せ先
延岡市北川総合支所☎0982・46・5010、宮交タクシー延岡営業所☎0982・32・5431

■2万5000分ノ1地形図
木浦鉱山

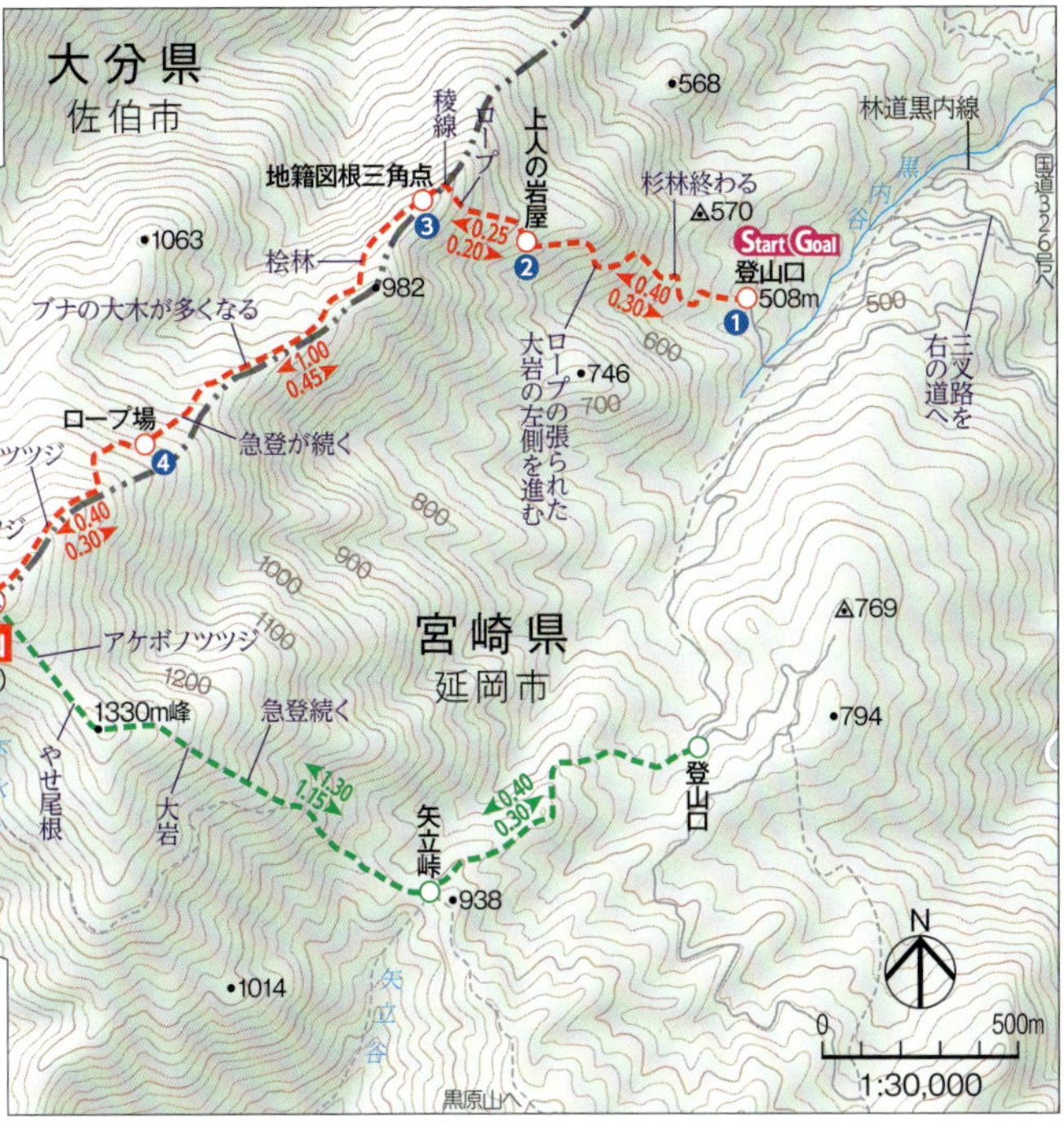

をロープ沿いに進む箇所もある。やがて樹間から山頂方向が垣間見える場所があり、そこをすぎると岩屋が現れる。

岩屋には9体の石仏が安置され、地元ではここを**上人の岩屋**とよんでいる。さらに進んでいくと道沿いにはアセビの木が多くなり、登山道は急登になっていく。いくつか露岩の横を抜けてロープ場をすぎると巨岩が現れ、稜線に達する。傾斜も緩み、少し先に進むと岩場に**地籍図根三角点**が設置されていて、わずかながらも展望が得られる。

さらに先に進むと登山道は稜線の西側に続き、桧林をすぎると稜線に戻る。やがてブナの大木が林立する森になる。しばらく進んでいくと再び急登になり、**ロープ場**が続く。稜線の西側から回りこむように進むと、やがて傾斜も緩んでくる。大きな岩がゴロゴロした緩やかな尾根筋をさらに進むと、**桑原山**の山頂に達する。

下山は往路を引き返す。

スズタケの密生が消滅した桑原山の山頂

CHECK POINT

1 上人の岩屋の案内板と標柱が立つ登山口

2 登山口から40分ほどで上人の岩屋に着く。この先も急登が続くのでひと休みしていこう

3 稜線に上がって50㍍ほど進むと、地籍図根三角点がある

4 桑原山への登りはロープ場のある急登が続く。上部にはアケボノツツジが咲いている

山麓から眺める行縢山（左が雄岳、右が雌岳）。その間から行縢の滝が水を落とす

21 行縢山

むかばきやま

830m（雄岳）

アケボノツツジやササユリが咲く、延岡市民の憩いの山

日帰り

歩行時間＝3時間20分
歩行距離＝6・3km

技術度 ■□□□□
体力度 ■□□□□

コース定数＝17
標高差＝657m
累積標高差 ↗794m ↘794m

行縢山は、延岡《のべおか》市街地の北西部にある花崗《かこう》岩の山で、三角点のある西側のピークが雄岳《おたけ》、東側は雌岳《めたけ》とよばれている。変わった山名は、その山容が古代に乗馬の際につけていたすねあて（行縢）に似ていることからつけられたといわれている。雄岳と雌岳の間から流れ落ちる行縢の滝は、落差77㍍・幅30㍍の名滝で、「日本の滝百選」に選ばれている。

石柱のある行縢山・雄岳山頂

行縢山登山口バス停から鳥居をくぐって150㍍ほど進むと、Y字路となる。左が行縢神社で、登山道は右に進む。緑濃い照葉樹林の中を歩いていくと、時おりスギの大木が現れる。橋を渡って進んでいくとじきに右手から**駐車場からの道**が合流する。

さらに谷を渡って進んでいくと、やがて**滝見《たきみ》橋**だ。その名の通り左上を見上げると、行縢の滝の上部が見える。また、進行方向の正面上方を見上げると雌岳岩壁が衝立《ついたて》のように立ちはだかっており、5月中旬にはササユリの花も見ることができる。

橋から先に進むと、やがて**滝方面との分岐**に出る。下から見上げる滝は圧巻そのものだ。水量が少なければ、**行縢の滝**の真下まで近付ける。**分岐**に戻り、さらに進んでいくが、しばらくは急登続きだ。

雌岳への分岐をすぎ、さらに登っていくと、やがて峠に着く。山の神の祠があり、祠の左を奥に進むと絶景ポイントがある。峠から緩やかに下ると**県民の森との分岐**で、スギの丸太を利用したベンチ

■**鉄道・バス**
往路・復路＝日豊本線延岡駅から宮交バスで行縢山登山口へ。延岡発の午前中の便は9時発の1便のみ。
■**マイカー**
東九州道延岡JCTから北方延岡道路へ入り、舞野ICから国道218号へ。延岡市街地方面へ右折して600㍍進み、行縢山への案内板にしたがって左折して登山口へ。さらに進んで左の林道に入ると駐車スペースがある。紹介コースの駐車場分岐へは徒歩15分。
■**登山適期**
年間通して登れる。アケボノツツジは4月上旬、ササユリは5月中旬。
■**アドバイス**
▽バス停のすぐ横には行縢山登山道についての案内板が設置されてい

見上げるような行縢の滝の迫力に圧倒される

などがあり、休憩するのに最適だ。

分岐から左へ進んで谷へ下り、行縢川を徒渉して杉林の中を緩やかに登っていく。やがて周囲は自然林となり、七合目をすぎると右手に**水場**がある。八合目あたりで再び杉林に変わるが、じきに自然林となる。

九合目の標識をすぎると行縢山北岳《きただけ》からの道と合流し、**行縢山**の山頂に達する。山頂からの展望はぐるり360度。最高である。

山頂からは往路を引き返す。

る。登山道の説明だけでなく注意点なども詳しく案内されているので、しっかりと確認して出発しよう。

▽山頂の南側は絶壁なので、行動は慎重に。

▽アケボノツツジは山頂近辺にも少しあるが、雌岳への登山道沿いの方が多い。

■問合せ先

延岡市観光戦略課☎0982・34・2111、延岡観光協会☎0982・29・2155、宮崎交通延岡営業所（バス）☎0982・32・3341

■2万5000分ノ1地形図

行縢山

CHECK POINT

1 行縢山登山口バス停。バスの本数は少ない。登山口発の最終便は17時10分

2 20分ほどで右から駐車場からの道が合わさる

3 滝見橋。文字通り行縢の滝の眺めのよい場所だ

4 山ノ神がある峠。祠を左に入ると絶景ポイントだ

5 北面にある県民の森との分岐地

6 七合目と八合目の間にある水場

22

東西に衝立のごとくそそり立つ西郷軍ゆかりの山

可愛岳

えのたけ
728m

日帰り

歩行時間＝4時間50分
歩行距離＝12・9km

技術度
体力度

コース定数＝22
標高差＝718m
累積標高差 917m 917m

山麓から見上げる可愛岳(中央のピーク)

延岡《のべおか》市にある山で、東西に長い山容をもつ。東麓の俵野《ひょうの》地区から見上げると、急峻な岩峰の山であることがわかる。俵野には高さ3メートル、周囲約60メートルの円墳があり、御《ご》陵《りょう》伝承地として宮内庁の管轄下に置かれている。古墳のすぐ南側には西郷隆盛《さいごうたかもり》宿陣跡があり、資料館として残されている。

日向長井《ひゅうがながい》駅から国道10号を延岡市街方面へ向かう。やがて西郷隆盛宿陣跡の案内板が見えてくる。線路をくぐると正面に西郷資料館、そして可愛岳登山口の案内板があり、右側が資料館の**駐車場**だ。

延岡市街や日向灘を望むノゾキ

ここを左折すると、つきあたりが南《みなみ》尾根ルートの登山口だ。杉林の中を登っていくと、「**ひべら山《やま》**」と記載された案内板がある。さらにひと登りすると急登も終わり、緩やかになる。やがて正面に絶壁が見えてくると、ザレの頭《かしら》だ。

ここから水場を経て谷沿いの急登となる。**ザレの平《たいら》**から支尾根へ取り付いて登ると**三叉路**に出る。右は下山路の烏帽子岳《えぼしだけ》への道だ。

左折して前屋敷《まえやしき》を経てノゾキに向かう。ノゾキは南方向の眺めがよいが、絶壁の上なので行動は慎重に。先へ進んで急な斜面を登ると稜線に達し、西へ進むと**鉾岩《ほこ》**とよばれている巨岩が現れる。緩やかに登っていくと、やがて**可愛岳**の山頂だ。ミツバツツジの咲く山頂からは、大崩《おおくえ》山系の眺めがよい。

下山は往路をしばらく戻り、南尾根ルートとの**三叉路**を直進して烏帽子岳へ向かう。**烏帽子岳**の山頂広場も南方向の展望がよい。さらに下っていくと林道に出る。林道を横切ると、すぐ横に**鬼《おに》の舟《ふね》**とよばれている平らな大岩がある。

尾根道を下ると杉林になり、やがて墓地の横に出る。神代三陵《かみよさんりょう》のひとつ可愛山陵《みささぎ》をすぎると、資料館前の**駐車場**に帰り着く。

西郷隆盛宿陣跡資料館

■鉄道・バス
往路・復路＝JR日豊本線日向長井

CHECK POINT

駐車場から南に行くと南尾根ルートの登山口がある

標高340㍍地点のザレの頭。付近で林道と交差する

三叉路。右へ行くと烏帽子岳へ、山頂へは左に進む

メンヒル（立岩）のひとつ鉾岩。信仰の対象だった

可愛岳の山頂。北西の大崩山方面の視界が開けている

花崗岩の巨石がゴロゴロしている烏帽子岳の山頂

「鬼の舟」とよばれている平らな大石

瓊瓊杵尊（ににぎのみこと）の陵墓とされる可愛山陵

駅。延岡市街から宮交バスを利用する場合は国道10号上の俵野バス停が最寄りとなる。

■マイカー
延岡道路北川ICから国道10号で延岡市俵野地区へ。所要5分。西郷隆盛宿陣跡資料館の駐車場（約40台）が利用できるが、駐車の際は資料館にひとこと断っておくこと。

■登山適期
1～5月、9月～12月が適期。ミツバツツジは3月上旬が見ごろ。

■アドバイス
▽可愛岳山頂から烏帽子岳にかけては、随所に花崗岩の巨岩が転がっている。
▽ノゾキには転落防止のためのロープが張られている。ロープを越えて突端まで行くのは危険。
▽西南戦争の「和田越の戦」の際に薩軍最後の本陣となった児玉熊四郎邸（県指定史跡）は、西郷隆盛宿陣跡資料館として一般公開されているので、登山前に立ち寄ってみよう。入館無料、9～17時。年末年始休。

■問合せ先
延岡市北川町総合支所☎0982・46・5010、宮崎交通延岡営業所（バス）☎0982・32・3341、西郷隆盛宿陣跡資料館☎0982・46・2960

■2万5000分ノ1地形図
延岡北部

23

観音像めぐりをしながら、オンツツジ咲く島の道を歩く

遠見場山

とんばやま
185m

日帰り

歩行時間＝3時間5分
歩行距離＝5・7㎞

技術度
体力度

コース定数＝12
標高差＝183m
累積標高差 470m 470m

対岸の延岡市須美江方面から望む遠見場山

（公財）日本離島センターにより「しま山100選」に選ばれた遠見場山は、延岡《のべおか》市の北東沖に位置する島浦《しまうら》島にある。地形図には山名は載っていないが、地元では「とんばやま」とよんでいる。

島浦《しまのうら》港から公園の前を通り島野浦神社方向に進むと、神社へ続く階段の左手に一番観音像がある。公園へと戻り右折して車道を進むと、道路が右へ曲がるところの右手に狭い路地がある。ここが**尾根への入口**で、津波の際の避難路にもなっている。しばらく進むと階段となり、ジグザグに登っていく。

オンツツジが咲く七番観音像付近からの眺め

左手の斜面にロープがあり、その奥に二番観音像がある。携帯電話の無線鉄塔を通りすぎると、オンツツジの木が道沿いに出てくる。じきに三番観音像だ。オンツツジの多い道をさらに進むと、四番から七番と順番に現れる。**七番観音像**のところは十字路になっており、直進すると山頂、右は八番と九番、左は須佐白《すさじろ》へと下る道だ。

さらに直進すると、十番、十八番、十一番を経て、灯台のある**遠見場山**の山頂だ。見回すとすばらしい展望が広がっている。その先の**十五番観音像**のところは三叉路になっていて、右折すると日井の浜や中学校へいたる。直進して森の中の十六番をすぎるとやがて展望が開け、十七番観音像のあるヒダラ松《まつ》峠に出る。

先に進んで坂道を少し下ると三叉路があり、左は沖《おき》の平《たいら》への道だ。右へと進みさらに下っていくと、やがて断崖絶壁からの展望が広が

■鉄道・船・バス
往路・復路＝JR日豊本線延岡駅から宮野浦方面行きの宮交バスで浦城港へ。浦城港からは日豊汽船の高速艇（10分）で島浦港へ。

■マイカー
延岡道路須美江ICから県道243号を経て国道388号へ。新浦城トンネルを抜け、最初の信号を左折して浦城港へ（駐車場あり）。

■登山適期
1～5月、10～12月が適期。梅雨の時期や夏場は、蛇が出没することがあるので不向き。オンツツジは4月中旬から下旬が見ごろ。

■アドバイス
▽浦城港から日豊汽船のフェリー（20分）もあるが、島浦港ではなく南側の宇治港の発着となる。
▽島内の尾根道には33の観音様が祀られている。時間があればめぐってみよう（約4時間）。
▽島内には民宿があり、前泊して島

る**中山崖展望所**に着く。

展望を楽しんだら、ヒダラ松峠を経て**十五番観音像**へ戻り、三叉路を日井の浜・中学校方面へ左折する。急な坂道なので慎重に下ろう。やがて**十字路**が現れ、直進すると日井峠展望所、右は中学校、左が日井の浜だ。このあたりもオンツツジが多く、開花時期が楽しみだ。左折してさらに下ると、**日井の浜**へいたる。

ゆっくりと休憩したら**十字路**へと登り返し、直進して中学校方面へ下る。じきに車道へと出ると、**島野浦中学校**があり、さらに進んでトンネルを抜けて、**島浦港**に帰り着く。

十字架のある地の小島を前にする日井の浜

の味覚を堪能するのもおすすめだ。

■問合せ先

延岡市島浦支所☎0982・43・0723、延岡観光協会☎0982・29・2155、三十三観音巡り保存会☎090・3662・0982、宮崎交通延岡営業所（バス）☎0982・32・3341、日豊汽船浦城本社☎0982・43・0102、JF島野浦町直営施設ふれあい館☎0982・43・1111、民宿だいとく☎0982・43・0720、民宿谷宗☎0982・43・0766

■2万5000分ノ1地形図

古江・島浦

CHECK POINT

1 島浦港から5分ほどで島野浦神社に出る

2 尾根への入口。無線鉄塔を目指し津波避難路を上がる

3 山頂からの海越しの眺め。左奥が行縢山で右は可愛岳

4 日井の浜や中学校方面への分岐。左は十五番観音像

5 中山崖展望所は絶景スポットだが行動は慎重に

6 日井の浜と中学校、日井峠展望所方面との十字路

↑西の祇園山から望む諸塚山

24 諸塚山

アケボノツツジが咲く、緑濃い山へ

もろつかやま
1342m

歩行時間＝1時間35分
歩行距離＝4・0km

日帰り

技術度

体力度

コース定数＝7	
標高差＝142m	
累積標高差	↗246m ↘246m

コース中の樹木の説明案内板

北登山口の途中にある諸塚本宮

諸塚山は、諸塚村と高千穂《たかちほ》町の境にある山で、古くから神山として信仰の対象となっていた。山頂には十数基の円墳があるといわれ、それが「諸塚（多くの塚＝墳墓）」という山名の由来といわれている。別名として、大白山《たいはくさん》とも、七《なな》ツ山《やま》（山上に7つの峰がある意）ともよばれている。

西《にし》**登山口**から階段を上がっていくと、展望案内板がある。祖母山《そぼさん》や傾山《かたむきやま》、大崩《おおくえ》山系の眺めがすばらしいこの場所はアケノノツツジの群生地で、4月下旬から5月初旬にかけて見ごろとなる。

急傾斜の箇所もあるが、よく整備された登山道は安心して歩ける。**五合目**の案内板をすぎると傾斜も緩み、快適なブナ林歩きが続く。

登りはじめるとアケボノツツジが現れ、その奥に祖母山が見える

しばらくすると諸塚山郷土の森コースとの**分岐**がある。ここを直進していくと傾斜はほとんどなくなり、**諸塚山**の山頂に達する。付近には若干だがシャクナゲがある。

休憩したら、下山は往路を戻らず、諸塚山郷土の森コースに向かう。南方向への尾根道を進んでいくと5分ほどで**三叉路**となり、まっすぐ行くと諸塚本宮《ほんぐう》を経て北登山口へといたる。

ここは右折して諸塚山郷土の森

■**鉄道・バス**
登山口への公共交通機関はない。
■**マイカー**
東九州道日向ICから国道327号で

へと進む。広く開かれた遊歩道が、ブナやミズナラなどの森の中に続いている。大きく枝を広げたブナの大木を見ていると、雄大な時間の流れを感じずにはいられない。季節を問わず、四季折々の姿を見たい、そんな思いにさせてくれる森だ。

アップダウンのない道を進むと往路に通過した**分岐**に合流する。**西登山口**へは急な下りが2度ほどあるので、ゆっくりと慎重に下っていこう。

CHECK POINT

1 諸塚山西登山口。10数台分の駐車スペースがある

2 木段の登り。傾斜の急な箇所にはロープも張ってある

3 五合目の案内板。なぜか同じものが2つ立っている

4 郷土の森コースとの分岐点。登路は「諸塚山山頂」へ

5 樹林の中の諸塚山山頂。展望はわずかに得られる

6 本宮・北登山口方面と郷土の森との分岐点

諸塚村へ。県道50号へ右折し、さらに広域林道（諸塚山スカイライン）を進むと西登山口に着く。ICから所要約2時間10分。登山口周辺に10数台分の駐車スペースがある。

■登山適期

通年登れるが、冬期は積雪や道路凍結に注意。積雪などがあると、登山口までの道路が通行できない場合もある。アケボノツツジは4月下旬。

■アドバイス

▽毎年3月の第1日曜に行われる山開きには、県内外から多くの登山者が訪れる。

▽諸塚村観光協会のホームページでは、諸塚山のアケボノツツジの開花状況を発信している。また観光協会では、村内の豊富な自然を生かしたエコツアーなども開催している。

▽諸塚山スカイラインの途中に「池ノ窪グリーンパーク」がある。数棟のログハウスをもつ森の中のキャンプ場で、アスレチックコースやパターゴルフ場、多目的広場、地元の宿材を使ったレストランなどがある。

■問合せ先

諸塚村観光協会☎0982・65・0178（水曜休）、諸塚交通（タクシー）☎0982・65・0105、池ノ窪グリーンパーク☎0982・65・0178（諸塚村観光協会）

■2万5000分ノ1地形図

諸塚山

25 黒岳（諸塚村）

人工林の多い諸塚村にあって、貴重な自然の残された山

くろだけ 1455m

日帰り

歩行時間＝2時間25分
歩行距離＝4・0km

技術度

体力度

コース定数	＝**9**
標高差	＝257m
累積標高差	352m / 352m

登山口広場から見上げる黒ダキの岩峰

黒岳神社

保護地に咲くジャコウソウの花

黒岳は、諸塚《もろつか》村と椎葉《しいば》村の境にある石灰岩や砂《さ》岩などからできた山で、所々に石灰岩でできた露岩が見られる。そのため、石灰岩を好む植物が多く生息しており、興味のつきない山だ。

登山口から階段を登っていく。すぐに左へ曲がり、舗装された杉林の中の緩やかな道を、南方向へ歩いていく。やがて道はUターンするように、北西方向に向きを変える。傾斜が少し増してくると杉林から自然林となり、黒《くろ》ダキ展望台との**分岐**に出る。

右折して登っていき、ハシゴを上がると、黒岳神社がある。すぐ横の岩場からは登山口の広場が見える。さらに先に進むと**黒ダキ展望台**だが、行けるのは案内板まで。**分岐**に戻るが、ハシゴの周囲にはヤクシマホツツジが生え、8月にはかわいらしい花を咲かせる。

分岐からは急登の連続となるが、やがて**三叉路①**となる。右への道はカゴダキへ続く。直進してさらに登っていくと、じきに傾斜も緩んできて、北方向の展望のよい場所に出る。先に進むと再び三叉路（**三叉路②**）に出て、直進していくとみごとなブナの大木が立っている。そのすぐ先が**黒岳**の山頂だ。ほとんど平坦な山頂で、東方向以外には展望がない。

下山は**三叉路②**まで戻り、左折して下っていくと、みたび三叉路

2等三角点のある黒岳山頂

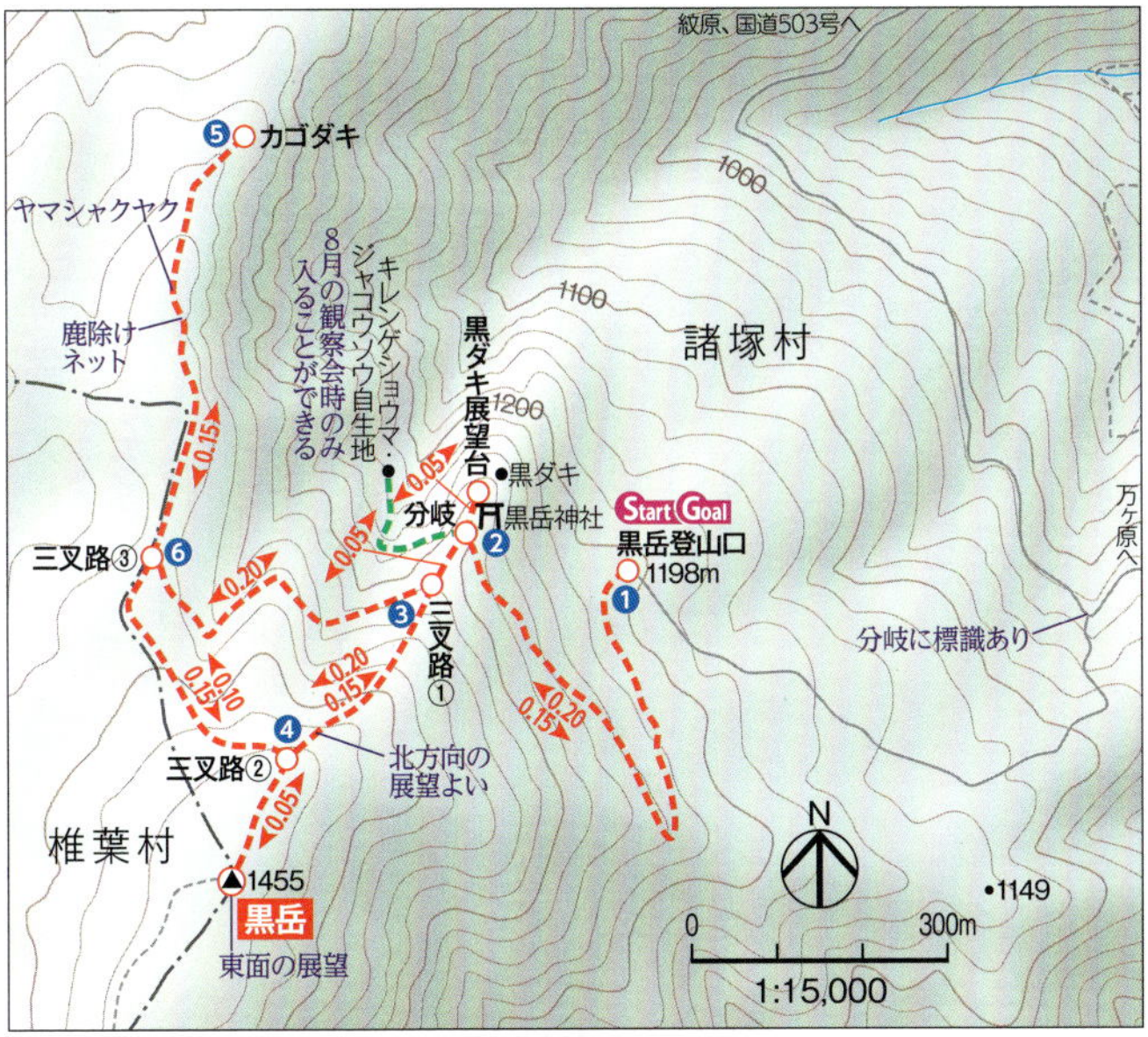

山頂手前に立つ立派な枝ぶりのブナの大木

（**三叉路③**）となる。ここも直進していくと鹿除けネットが張ってあり、横を通っていくと、やがて**カゴダキ**に達する。ここには石灰岩の露岩があり、ツクシクサボタンも生息している。また、南方向以外は展望もよい。

ひと休みしたら**三叉路③**まで戻り、左折して黒岳の北側山腹をトラバースしていくと、往路で通った分岐地すぐ上の三叉路（**三叉路①**）に出る。左折して、**分岐**を通り**登山口**へ帰り着く。

CHECK POINT

黒岳登山口。駐車スペースがある

黒ダキ展望台とキレンゲショウマ自生地、山頂の分岐

三叉路①。直進は山頂、右はカゴダキへの道

山頂のすぐ北にある三叉路②。左折してカゴダキへ

カゴダキ。岩場にはツクシクサボタンが自生している

三叉路③。往路の際はは直進、下山の際は左折する

■鉄道・バス
登山口への公共交通機関はない。

■マイカー
東九州道日向ICから国道327号で諸塚村へ。国道503号へ右折し、宮の元で左折して小原井へ向かう。小原井から猟師藪、フクジュソウ自生地のある紋原を通り黒岳登山口へ。要所に黒岳への案内板が設置されている。ICから所要約2時間10分。

■登山適期
年間を通じて登れるが、冬期は積雪や道路凍結に注意。積雪などがあると、登山口までの道路が通行できない場合もあるので要注意。ミツバツツジは4月中旬～5月上旬、ヤマシャクヤクは5月上旬、紅葉は10月下旬が見ごろ。

■アドバイス
▽キレンゲショウマとジャコウソウの花は8月に開花するが、この自生地はネットで保護された区域内にあるため、立入禁止となっている。諸塚村観光協会が毎年8月にキレンゲショウマ観察会を開催しているので、その観察会に参加するとよい。

■問合せ先
諸塚村観光協会☎0982・65・0178（水曜休）、諸塚交通（タクシー）☎0982・65・0105

■2万5000分ノ1地形図
胡摩山

26

数億年前のサンゴの化石が出土する太古の地

祇園山・揺岳

ぎおんやま　1307m
ゆるぎだけ　1335m

日帰り

歩行時間＝3時間25分
歩行距離＝5・5㎞

技術度
体力度

コース定数＝15

標高差＝314m

累積標高差　↗670m　↘670m

祇園山は、五ヶ瀬《ごかせ》町鞍岡《くらおか》の東に位置する。祇園山層と名づけられた地層からは数億年前のクサリサンゴや三葉虫などの化石を産出し、「九州最古の山」といわれている。また複雑な地形をもった、急峻な山である。

←南西側の五ヶ瀬ハイランドスキー場駐車場から眺める祇園山

3等三角点がある揺岳山頂

祇園山の登山口は大石越《おおいしごえ》にあり、付近の広場に駐車できる。登山道は山頂から南へのびている尾根を進み、祇園山の山名の由来が書かれた案内板から左に折れると、いきなりの急登となる。急登なだけに、ゆっくり登っても確実に高度はぐんぐん上がり、眼下の大石越もはるか下になる。しだいに傾斜が緩んでくると稜線上になり、左側には小川岳《おがわだけ》や向坂山《むこうざかやま》などの脊《せき》梁《りょう》の山々が広がっている。のんびりと周りの景色を楽しんでいこう。

登山道の右側に**アカマツの大木**があり、そこをすぎると再び急登になり、ロープ場も出てくる。登山道沿いにはリョウブやミズナラ、アセビ、ドウダンツツジも現れる。

やがて右手の展望のよいピークに達し、周囲にはヒカゲツツジの群落がある。さらに先に進むと左

■**鉄道・バス**
公共交通機関はないため、マイカー利用となる。

■**マイカー**
五ヶ瀬町中心部から国道218号で熊本県山都町馬見原へ。左折して国道265号で五ヶ瀬町鞍岡へ。鞍岡の渡瀬地区から林道に入って大石越へ。五ヶ瀬中心部から所要約40分。登山口の周辺に約10台分の駐車スペースとトイレがある。

■**登山適期**
積雪や凍結のある12～2月と6～8月は避けた方がよい。ヒカゲツツジは5月初旬。

■**アドバイス**
▽揺岳の山頂手前の急登箇所は、とにかく急だ。雨後で地面が乾いていない時はスリップのおそれが高まるだけに、避けた方が無難。
▽五ヶ瀬町中心部のGパークにあるごかせ温泉森の宿「木地屋」では、宿泊以外に立ち寄り入浴や食事のみの利用ができる。

■**問合せ先**
五ヶ瀬町企画課☎0982・82・1700、ごかせ観光協会☎0982・82・1200、五ヶ瀬タクシー☎0982・82・0047、ごかせ温泉森の宿「木地屋」☎0982・82・1115

■**2万5000分ノ1地形図**
鞍岡

祇園山山頂から見える阿蘇山（左＝高岳、右＝根子岳）

祇園山への登路にあるアカマツの大木

側に岩塔があり、やがて最後のひと登りで**祇園山**山頂にたどり着く。下山は、往路を戻ろう。

祇園山登山口から車道を南東方向へと進むと**揺岳登山口**の案内板があり、右にとる。100メートルほどで「立入禁止」の案内板があり、「↓揺岳」と付け足して記されている。左折して進むと、植林地の中へ道は続いている。所々雑木林もある快適な道だが、やがてロープの張られた急登となる。登り着いたところが**1218メートル標高点**で、しばらく緩やかな道となる。

やがて杉林となり鞍部《あんぶ》に出ると、前方に**ロープ**が張られている。ここからは山頂への最後の登りで、それもとんでもない急登だ。ロープの助けも借りながらひたすら登ると、ようやく**揺岳**の山頂に到達する。東から北方面の眺めがよく、諸塚山《もろつかやま》やすぐ手前の大仁田山《おおにたやま》の風力発電所の風車、祖母《そぼ》・傾《かたむき》方面などが見わたせる。

下山は往路を戻る。

CHECK POINT

1

祇園山登山口。西南の役の薩軍塹壕跡の説明版がある

2

2等三角点のある祇園山の山頂

3

祇園山登山口から歩くこと5分で揺岳登山口に出る

4

「立入禁止」の案内板。揺岳へは左に進んでいく

5

急登が終わると1218メートルピークに出る

6

最後の登りのロープ場。山頂直下までロープが続く

祇園山登山口のある大石越から望む向坂山

キレンゲショウマ（7月下旬）

白岩山山頂は岩峰のようになっている

27

日帰り

日本最南端のスキー場で展望を楽しみ、ブナの森とお花畑へ

向坂山・白岩山

むこうざかやま 1685m
しらいわやま 1620m

歩行時間＝2時間40分
歩行距離＝6・9km

技術度 ▲
体力度 ♥

コース定数＝**12**

標高差＝275m

累積標高差 ↗547m ↘547m

向坂山は、五ケ瀬《ごかせ》町、椎葉《しいば》村、熊本県山都《やまと》町との境にそびえる山で、黒《くろ》峰《みね》、小川岳《おがわだけ》、向坂山と高度を上げてきた山並みがここから二手に分かれ、西は三方山《さんぼうやま》、国見岳《くにみだけ》へ、南は白岩山、霧立越《きったちごし》を経て扇山《おうぎやま》へと連なる。

登山口の**ゴボウ畑《ばたけ》**からスキー場へ続く作業道を進むと、200メートルほどでキレンゲショウマ群生地への入口がある。開花している時期なら、ぜひ立ち寄っていこう。作業道に戻ったら、さらに作業道を歩いていく。

スキー場の建物の前を通り、ゲレンデの上端へ

■**鉄道・バス**

登山口への公共交通機関はない。

■**マイカー**

五ヶ瀬町中心部から国道218・265号で五ヶ瀬町鞍岡へ。五ヶ瀬町本屋敷から町道と白岩林道でゴボウ畑へ。五ヶ瀬町中心部から約55分。

■**登山適期**

通年登れるが、1・2月は積雪があると登山口まで行けない場合がある。白岩山の岩峰周辺は、春から秋にかけて何らかの花が咲いている。シャクナゲは5月連休〜中旬、ドウダンツツジは5月下旬、キレンゲショウマは7月下旬。ヤクシマホツツジは8月初旬〜中旬。紅葉は10月下旬が見ごろ。

■**アドバイス**

▽東麓の本屋敷地区にある「やまめの里」には、宿泊施設のホテルフォレストや、かやぶき屋根の中の囲炉裏でヤマメを中心とした山家料理がいただける「えのはの家」などの施設がある。また、五ヶ瀬町中心部のGパークにあるごかせ温泉森の宿「木地屋」では、宿泊以外に立ち寄り入浴や食事のみの利用ができる。

▽鞍岡地区荒谷にある白滝（落差約60メートル）は、紅葉がすばらしい。また、冬場に冷えこみが続くと凍結して、宮崎ではなかなかお目にかかれない、氷瀑としての姿を見せてくれる。

■**問合せ先**

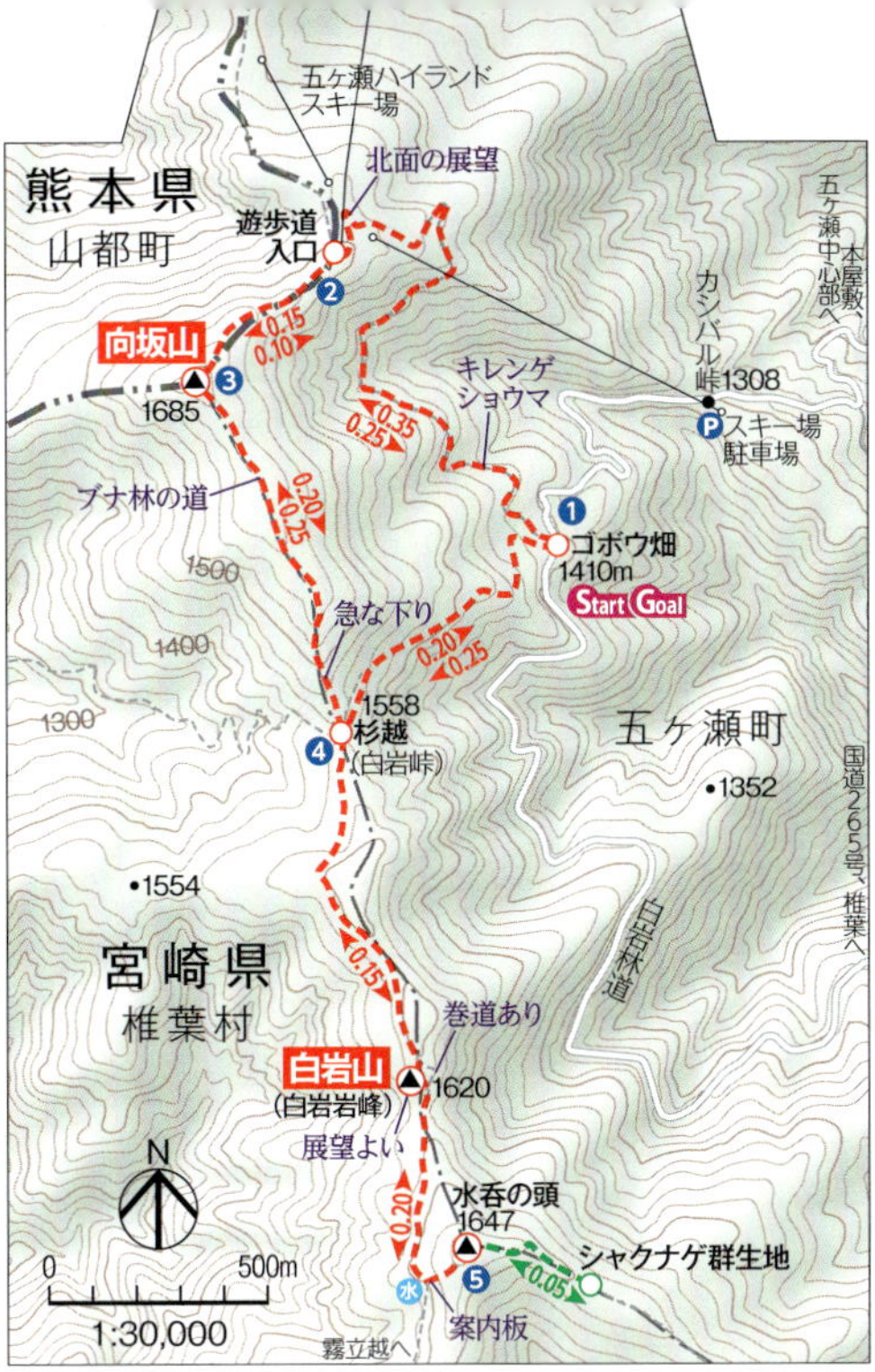

上がる。北方向の眺めは抜群で、阿蘇山《あそさん》や根子岳《ねこだけ》、くじゅう連山、祖母山《そぼさん》と続く。

展望を楽しんだら**遊歩道**へ進んでいく。緩やかな登山道はしだいに傾斜が増してくるが、やがて**向坂山**の山頂に着く。残念ながら、樹木に囲まれて展望は得られない。西方向へ続く道は、三方山へ向かっている。

山頂からブナの大木が立ち並ぶ道を南へ向かう。緩やかだった下りがしだいに急になってくると、やがて**杉越**《すぎごし》（白岩峠）だ。ここで下山で通るゴボウ畑からの道が合流する。

遊歩道が終わり登山道になるが、整備は行き届いており歩きやすい。緩やかな登りから下りとなり、ほどなく白岩岩峰直下に達する。**白岩山**（白岩岩峰）に上がると展望は抜群で、また岩峰周辺は「白岩山石灰岩峰植物群落」として、県の天然記念物に指定されており、希少な植物が多い。

岩峰から道を下って南へ進んでいくと案内板があり、左折してひと登りで三角点のある**水呑**《みずのみ》**の頭**《かしら》にたどり着く。展望はないが、ここから東へ5分ほど進むとシャクナゲの群生地がある。

下山は、**杉越**まで戻って斜め右へ下り、**ゴボウ畑**へ向かう。

五ヶ瀬町企画課☎0982・82・1717、ごかせ観光協会☎0982・82・1200、五ヶ瀬タクシー☎0982・82・0047、ホテルフォレストピア☎0982・83・2321、えのはの家☎0982・83・2326、ごかせ温泉森の宿「木地屋」☎0982・82・1115

■**2万5000分ノ1地形図**
国見岳

登山道沿いに咲いていたミヤマツチトリモチ

CHECK POINT

1

白岩山と霧立越、そして向坂山の登山口となるゴボウ畑。7～8台の駐車スペースがある

▼

2

スキー場の上部にある向坂山への遊歩道入口。山頂へは15分ほどの登りとなる

▼

3

3等三角点のある向坂山の山頂。樹林の中で展望はない。次に向かう杉越へは距離にして約900メートル・20分

▼

4

杉越(地形図では白岩峠)にある案内板。下山時はここから直接ゴボウ畑に下る

▼

5

標高1646メートルの標柱が立つ水呑の頭。地形図ではここが白岩山と表記されている

28 霧立越

稜線からの広大な景色とブナを楽しむ快適トレッキング

日帰り

きったちごし
約１５５０ｍ

歩行時間＝５時間10分
歩行距離＝12・５㎞

技術度
体力度

コース定数＝23
標高差＝517m
累積標高差 954m 1099m

ブナの大木が続く道（二本ブナ付近）

見晴しの岩から眺める扇山へ続く山並み

霧立越は、東臼杵《ひがしうすき》郡椎葉《しいば》村から西《にし》臼杵郡五ヶ瀬《ごかせ》町鞍岡《くらおか》に通じる標高１４００～１６００㍍の高地を伝う山越えの道で、馬で物資を運んだ「駄賃《だちん》つけ」道である。駄賃とは、荷物の運賃、また物品を送り届けた賃銭のこと。牛馬に荷物を背負わせることを駄賃つけといい、現在のような道路や交通機関のなかった時代には、この駄賃つけが唯一の運搬機関であった。

カシバル峠から白岩《しらいわ》林道に入り、右折して**ゴボウ畑《ばたけ》**へ。ブナなどの大木を見ながら、遊歩道を緩やかに登っていくと、やがて**杉越《すぎごし》**（白岩峠）だ。案内板には「扇山《おうぎやま》山小屋８３００㍍」とある。先へ進み、**白岩山《やま》**を越して水呑《みずのみ》の頭《かしら》入口にいたる。５分で**水呑の頭**に立てるので、行ってみよう。

入口に戻り、南の稜線へ。平坦な道が緩やかな下りとなり道は西に向きを変えるが、次のピークから再び南方向に変わる。樹間からなだらかな扇山も垣間見える。

しばらくすると、右手に尾前《おまえ》地区へ下る道を示す「小屋場《こやんば》古道分岐点」と記された標示板が現れる。さらに進んでいくと、やがて右手に**見晴《みはら》しの岩**と記された標示板があり、登っていくと露岩がある。ヤマツツジが咲く岩の上に立つと、西から南へかけての展望がよく、国見岳方面が一望できる。

さらに下っていくと、ほとんど平坦な道になり、「霧立越・**馬《うま》つなぎ場《ば》**」と書かれた案内板があり、「カシバル峠５５００㍍、扇山山小屋３９００㍍」との標示もある。

平坦な道から下りとなり、短い間隔で登り下りをくり返すと、ブナの林立する森となる。次々とブナの木が現れる中、登山道のすぐ

■**鉄道・バス**
往路・復路ともに登山口への公共交通機関はない。

■**マイカー**
五ヶ瀬町中心部から国道218・265号を経て五ヶ瀬町鞍岡へ。五ヶ瀬町本屋敷から町道で五ヶ瀬ハイランドスキー場へ。所要約50分。

■**登山適期**
通年登れるが、1・2月は積雪があると登山口まで行けない場合がある。ミツバツツジやシャクナゲは5月連休から中旬、ドウダンツツジは5月下旬、紅葉は10月下旬。

■**アドバイス**
▽複数の人で登る場合は、2台の車を利用して両登山口から登り、途中で交差する際に互いの車のキーを交

右側にひと際みごとなブナが2本立っている。足もとには「二本ブナ」と記された標示板があった。

「三方界《さんぼうざかい》古道分岐点」の標示板をすぎると**平家《へいけ》ブナ**だが、残念ながら枯れて倒れてしまい、その痕跡と案内標示板が残るのみだ。

やがて「滝《たき》・尾前古道分岐」をすぎ、登山道はしだいに南東方向へ向きを変える。上下をくり返して、じきに稜線の西側をなだらかに下っていく。ほどなく前方に**扇山山小屋**が見えてくる。

小屋から左へと斜面をひと登りで稜線上に達し、なだらかな登山道を進むと、**扇山**の山頂だ。

展望を楽しんだら、**内《うち》の八重《はえ》登山口**へと下っていく。

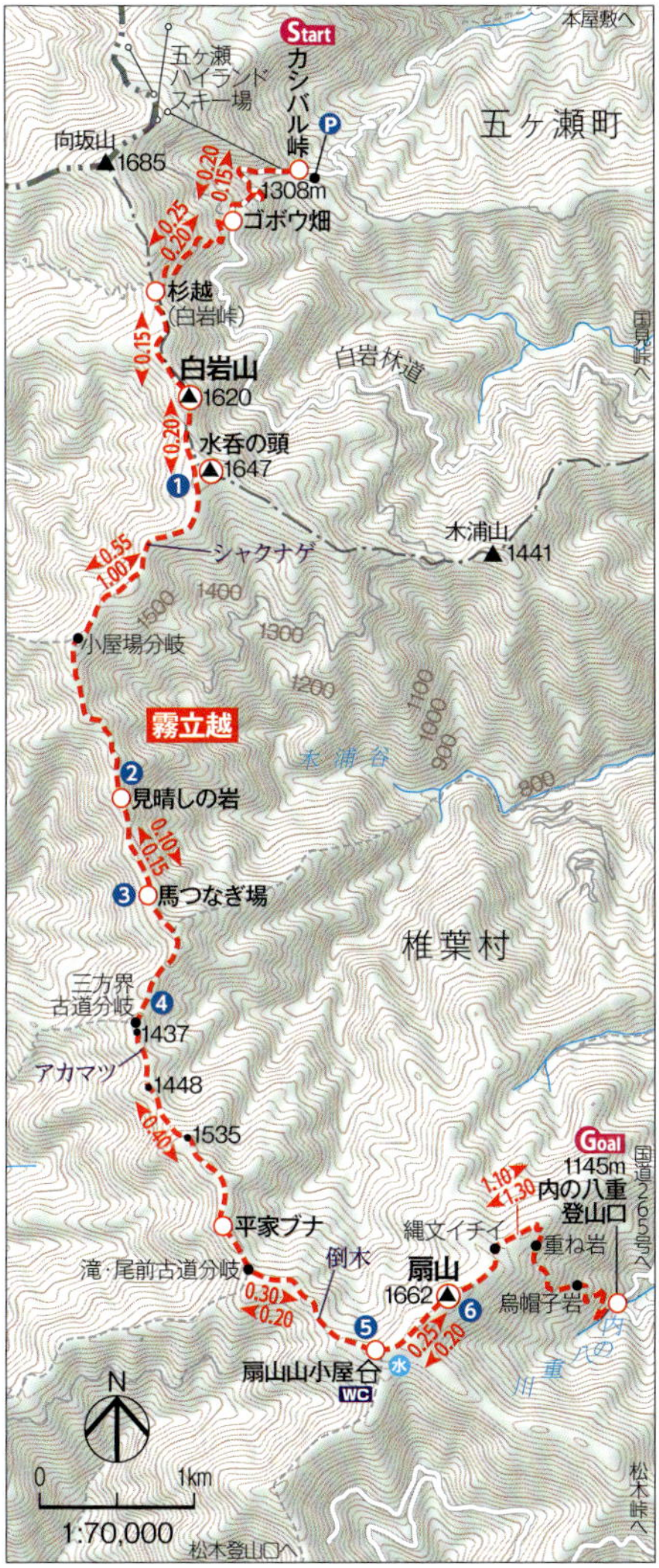

CHECK POINT

水呑の頭との分岐。水呑の頭へは5分ほど

見晴しの岩への上がり口。ぜひ足をのばしたい

白岩山と扇山山小屋とのほぼ中間地点の馬つなぎ場

寄り添って立つみごとな二本ブナ

縦走に便利な扇山山小屋。軒下にトイレがある

扇山山頂。歩いてきた水呑の頭方面の稜線が望める

換するとよい。単独行または車が1台の場合は、扇山山小屋泊まりの往復登山になる。
▽五ヶ瀬の宿泊施設や温泉は76ページ「向坂山・白岩山」を参照。
▽「駄賃つけ」道は、五ヶ瀬町、椎葉村だけでなく各地にあり、隣の諸塚村も駄賃つけが盛んで、駄賃つけ唄はその道中に唄われた仕事唄である。諸塚村では、「諸塚駄賃つけ唄全国大会」が毎年開催されている。

■**問合せ先**
五ヶ瀬町企画課☎0982・82・1717、ごかせ観光協会☎0982・82・1200、五ヶ瀬タクシー☎0982・82・0047、ホテルフォレストピア☎0982・83・2321、えのはの家☎0982・83・2326、ごかせ温泉森の宿「木地屋」☎0982・82・1115、諸塚村教育委員会☎0982・65・0072

■**2万5000分ノ1地形図**
国見岳・胡摩山

露岩と枯木、周囲の山々が織りなす光景がみごとな扇山山頂

縄文イチイ

山頂付近のヤクシマホツツジ（8月）

29

ブナの林立する森を抜けて、シャクナゲも観賞する

扇山

おうぎやま
1662m

日帰り

コース① 歩行時間＝2時間20分 歩行距離＝5・8km
コース② 歩行時間＝2時間40分 歩行距離＝4・7km

技術度
技術度
体力度
体力度

コース定数＝① 11 ② 12

標高差＝① 337m ② 517m

累積標高差 ① ↗482m ↘482m
② ↗549m ↘549m

椎葉《しいば》村にある扇山は、五ヶ瀬《ごかせ》町から椎葉村へいたる霧立越《きったちごし》（78ページ参照）の南端に位置する。なだらかな山容でありながら、巨大な露岩が点在していて岩上からの眺めもよく、山頂一帯にはシャクナゲの森が広がっている。登山道は、松木《まつき》登山口からと内《うち》の八重《はえ》登山口からのルートの2つがあり、傾斜も緩く短時間で登れるのは松木登山口からだが、霧立越を歩くには内の八重登山口の方が便利だ。ここでは、両方とも紹介しよう。

コース①松木コース

松木登山口から自然林の中に続く登山道を進んでいく。1409メートルピークの西側山腹を通りすぎると周りの樹木も種類が変わってきて、ブナが姿を見せはじめる。1518メートルピークも西側を巻いてい

■**鉄道・バス**
登山口までの公共交通機関はない。

■**マイカー**
コース①東九州道日向ICから県道226号、国道327号で椎葉村へ。国道265号に合流し、椎葉村中心部で県道142号へ右折し、下の平から林道十根川三方界線で松木登山口へ。

コース②椎葉村中心部から国道265号で鹿野遊地区へ。小学校下を経て内の八重林道で内の八重登山口へ。ともに登山口周辺に駐車場がある。

■**登山適期**
通年登れるが、1・2月は積雪があると登山口まで行けない場合がある。シャクナゲは5月連休から中旬、ドウダンツツジは5月下旬、山頂付近のヤクシマホツツジは8月初旬から中旬、紅葉は10月下旬が見ごろ。

■**アドバイス**
▽椎葉村の民俗文化を保存・伝承する施設として、椎葉民俗芸能博物館がある。椎葉村に受け継がれてきた儀礼、慣習、民俗文化や平家落人伝説などを写真や民具、祭礼具などの展示を通して紹介している。
▽平家落人伝説で知られる「椎葉平家まつり」が11月第2金・土・日曜に開催される。

■**問合せ先**
椎葉村地域振興課☎0982・67・3203、椎葉村観光協会☎098

くが、ブナの森といったところだ。

やがて少し傾斜が増してきて、樹間から左前方に扇山山小屋が時おり見えはじめる。水場を通過すると、**扇山山小屋**に到着だ。案内板にしたがって右へ斜面を登ると、すぐに稜線に達する。緩やかな道を登っていくとじきにシャクナゲの群生地となり、山頂手前のピークから鞍部を経て登り返すと**扇山**山頂に達する。シャクナゲやドウダンツツジ、ヤクシマホツツジ、枯木に露岩の山頂は、自然がつくりだした庭園そのものだ。

コース②内の八重コース

内の八重登山口から谷沿いにしばらく進み、その後は山腹にジグザグにつけられた登山道を上がっていく。ほどなく、烏帽子《えぼし》岩の基部に達する。**烏帽子岩**からの展望は抜群で、岩峰上には簡単に行ける。岩上からは、ほかにも岩峰や露岩が点在しているのが見える。

しばらく登りが続くが、植林地を抜けると小さな谷を横切る。この水場を通りすぎて右側を注意して進むと、**重《かさ》ね岩**とよばれている、平たい石を積み重ねたような岩が見える。さらに登っていくと、やがて山頂から北東へのびる尾根に達し、なだらかな稜線歩きとなる。やがて**縄文《じょうもん》イチイ**が現れ、シャクナゲをかきわけながら進んでいくと、**扇山**の山頂に到着する。

2・67・3139、鶴富タクシー（椎葉村）☎0982・67・2148、椎葉民俗芸能博物館☎0982・68・7033

■2万5000分ノ1地形図
国見岳・胡摩山

CHECK POINT

コース①

新しい松木登山口。周辺に駐車スペースがある

旧道分岐。旧道はやぶに覆われ通行できない

扇山山小屋。トイレがあるのでひと休みしていこう

コース②

内の八重登山口。小さな標柱が目印だ

烏帽子岩。岩上で展望がてら休憩しよう

重ね岩手前の水場

30

五勇山・国見岳

ブナの林立する森を抜けて、九州中央山地の最高峰へ

ごゆうざん 1662m
くにみだけ 1739m

日帰り

歩行時間＝6時間35分
歩行距離＝13・9㎞

技術度
体力度

コース定数＝31	
標高差＝859m	
累積標高差	↗1394m
	↘1394m

↑霧立越から望む五勇山から国見岳への山並み

五勇山の標識

苔むした露岩が多い水場周辺

国見岳と五勇山は、椎葉《しいば》村と熊本県八代《やつしろ》市の境に位置し、国見岳は県内では祖母山《そぼさん》についで2番目、五勇山は8番目の高峰である。しかし、祖母山はどこから見てもそれとわかる山容をしているが、この国見岳や五勇山などの山並みは、東側の霧立越《きったちごし》から眺めると、なだらかな山容のため、どの山かを見定めるのに苦労する。この五勇山から国見岳、高岳《たかだけ》、三方山《さんぼうざん》へいたる尾根筋は向《むこう》霧立越とよばれ、かつては椎葉から肥後《ひご》にいたる主要な交通路であった。

萱野《かやの》登山口から5分ほどで谷に出て、これを徒渉する。しばらくは杉林を上がるが、斜面はけっこう急なのだが、登山道は20回前後ジグザグに折れながら登るので、それほど急登というわけではない。

■鉄道・バス
登山口までの公共交通機関はない。

■マイカー
東九州道日向ICから県道226号、国道327号で椎葉村へ。国道265号に合流し、椎葉大橋の手前を右折して県道142号に入る。不土野橋を渡って右折して進み水無橋バス停付近で村道椎葉五家荘線へ左折。村道尾手納線の終点となる萱野を目指す。村道の終点が駐車スペースだが停められるのは数台程度。

■登山適期
12～2月は積雪があると登山口まで行けないことも。シャクナゲは5月中旬、紅葉は10月下旬。

■アドバイス
▽大雨後に谷が増水していると、徒渉地点を渡れない場合もある。遠い山だけにアクセスの苦労を無駄にしたくはないだろうが、登山はあきらめて椎葉村の観光を楽しもう。
▽椎葉神楽は、国の重要無形民俗文化財に指定され、現在は26地区に伝承されている。これらの夜神楽は11～12月にかけて行われるが、日程や見学の際の注意事項など詳細は椎葉民俗芸能博物館へ問合わせのこと。
▽平家落人伝説で知られる「椎葉平家まつり」は11月に開催される。

■問合せ先
椎葉村企画観光課☎0982・67・3203、椎葉村観光協会☎098

杉林から自然林、また杉林、自然林と抜けると、苔むした露岩が広がっている。すぐに水場となる小さな谷があり、**山頂への案内板**が設置されている。ここからは、ほぼ自然林になっていく。

やがて三叉路の**石堂屋**《いしどうや》**分岐**に達し、緩やかな尾根を登っていくと、**五勇山**山頂にたどり着く。南側しか展望はないが、時雨岳《しぐれだけ》や白鳥山《しらとりやま》のなだらかな山容が眺められる。

ここから国見岳までは緩やかな尾根のアップダウンだが、直径1《メートル》クラスのブナの大木やミズナラなどの林立する森だけに、快適に歩くことができる。遭難救助用の**RP-025の標識**が設置してあるブナの地点は、ほぼ国見岳との中間あたりだ。

さらに進んでいくと小国見岳《こぐるみだけ》との分岐に出る。**小国見岳**へは5分ほどで登れるので、立ち寄っていこう。さらに進んでバイケイソウの群生地を抜けると、展望抜群の**国見岳**山頂に到着する。

下山は往路を戻る。

2・67・3139、鶴富交通（タクシー・椎葉村）☎0982・67・2148、椎葉民俗芸能博物館☎0982・68・7033

■**2万5000分ノ1地形図**
不土野・国見岳

CHECK POINT

村道尾手納線の終点が萱野登山口となる

ロープのある徒渉地点。濡れた岩はすべりやすい

尾根に出ると石堂屋方面からの道が右から合流する

五勇山の標識横の三叉路

レスキューポイント025の標示のあるブナ

小国見岳への分岐の案内板。山頂へは5分の登り

コースを彩るシャクナゲ（5月中旬）

天孫降臨の社殿が祀られた国見岳山頂

馬口岳《ばくちだけ》

山頂一帯の自然林とバクチ石からの雄大な眺め

1435m

日帰り

歩行時間＝4時間15分
歩行距離＝7・1km

技術度
体力度

コース定数＝**18**

標高差＝622m

累積標高差 817m 817m

バクチ石の岩峰に立つ登山者

馬口岳は、東臼杵郡《ひがしうすきぐん》椎葉村《しいばそん》に位置する。南西にある江代山《えしろやま》（津野岳《つのだけ》）とはやせ尾根でつながり、東側へのびる稜線以外はすべて急傾斜となった急峻な山である。北側山麓のつづら原《ばる》地区からは標高差700メートルをいっきに突き上げ、眼前に衝立のように立ちはだかっている。

江代山や合戦原《かせばる》からのルートしか登山道らしい登山道がなかった馬口岳に、つづら原地区からの登山道が開かれたのは、1999（平成11）年10月のこと。その後、2012（平成24）年には新ルートも開かれて魅力が増した。

新登山口から作業道を先へと進んでいくと、やがて終点になり、**砂防ダム**に達する。上流側の河原を対岸へ渡り、案内板にしたがって進んでいく。

しばらくは谷沿いの道だが、やがてジグザグの傾斜地を登っていく。雑木林から桧林になるとじきにロープ場となり、**水飲み場**の案内板が現れる。さらに登っていくと、再度ロー

馬口岳山頂。展望はいまひとつ

展望所の先にあるヒカゲツツジ群生地

■**鉄道・バス**
往路・復路＝登山口への公共交通機関はない。

■**マイカー**
東九州道日向ICから県道226号、国道327号で椎葉村へ。椎葉村中心地から国道265号で川の口地区へ、川の口橋を渡って村道へ右折し、林道でつづら原地区へ向かう。馬口岳への案内板にしたがって登山口へ。つづら原から約2キロ、旧登山口へは約5キロ。日向ICから約2時間30分。

■**登山適期**
夏（7・8月）を除けば、年間を通して登れる。ヒカゲツツジは4月下旬、ミツバツツジやシャクナゲは5月初旬が見ごろ。紅葉は10月下旬。

■**アドバイス**
▽椎葉神楽は国の重要無形民俗文化財に指定され、現在は26地区に伝承されている。これらの夜神楽は11～12月にかけて行われるが、日程や見学の際の注意事項など詳細は椎葉民俗芸能博物館へ問合わせのこと。
▽平家落人伝説で知られる「椎葉平家まつり」は11月に開催される。
▽主稜線の南側は、九州大学演習林となっており、演習林内は調査研究以外の入林は許可されていない。南にある江代山（津野岳）に向かう場合は、宮崎演習林認定のインストラクターの同行があれば林内を通過することが可能となっている。林内経

CHECK POINT

駐車スペースのある馬口岳の新登山口

作業道を約5分で砂防ダムに出て、上流を徒渉する

水飲み場への分岐。前後はロープ場となっている

シャクナゲ群生地。5月初旬が見ごろ

馬口岳の北西尾根に出ると展望が開ける

旧登山口へは主稜線から左折して行く

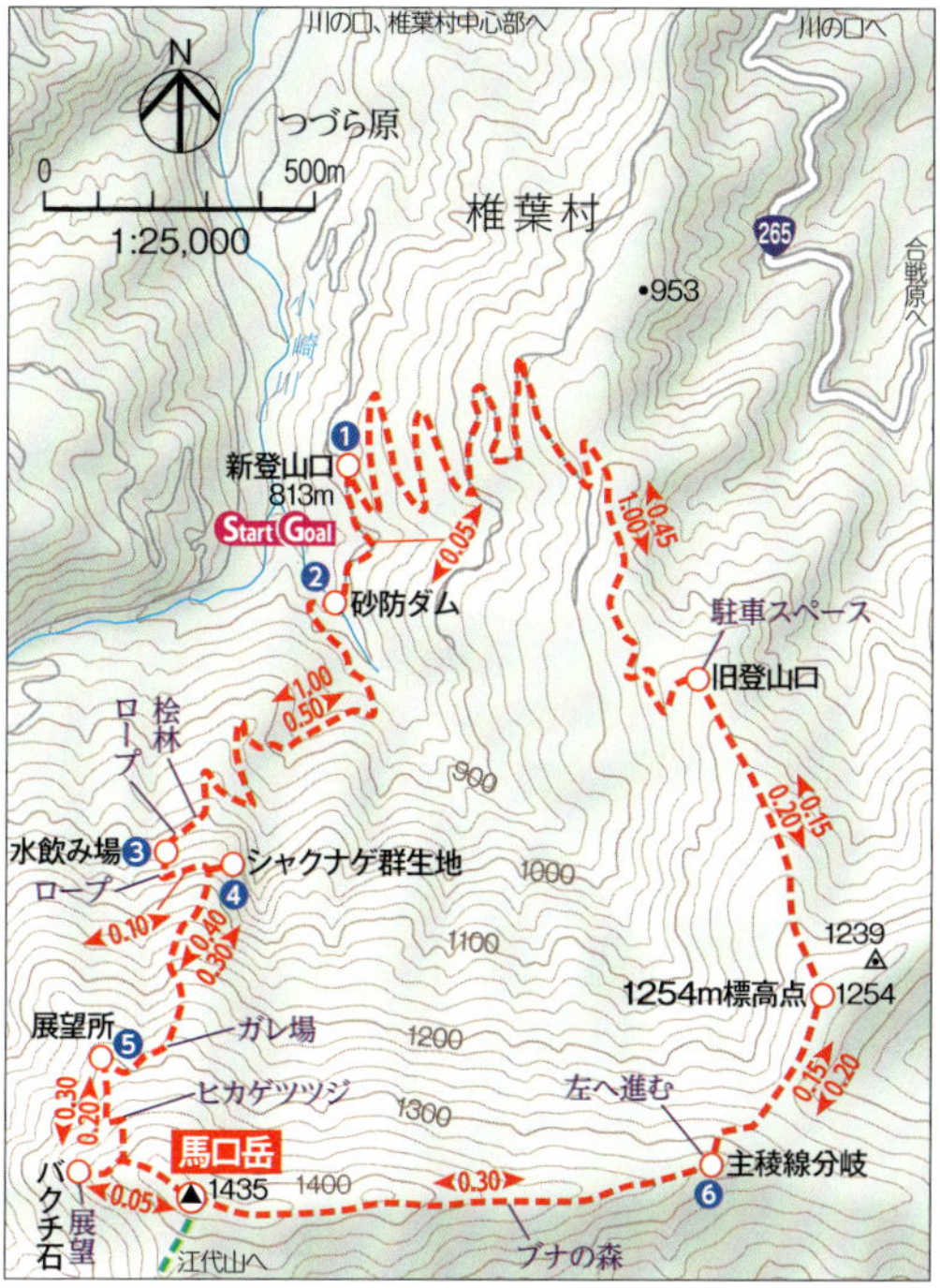

プがある。杉林を抜ければ**シャクナゲ群生地**で、展望所があり休憩するのに最適だ。

さらに先へ進むとブナの林立する森となり、やがて山腹をトラバースしてガレ場をすぎると、北から西にかけて開けた**展望所**に出る。ここから尾根を先へと進んでいくと、ヒカゲツツジ群生地を経てバクチ石への入口に達する。**バクチ石**からの展望は最高ので、ぜひ寄っていこう。入口に戻って登っていくと、じきに**馬口岳**山頂だ。

帰路は、旧登山口へ下ろう。山頂から東へ進むと、ブナの大木もある緑豊かな森が広がり、心地よく歩いていける。緩やかに下るとやがて**主稜線分岐**に出て、ここを左折する。じきに**1254《メートル》標高点**で、さらに左折して下っていくと杉林となり、伐採が進む**旧登山口**に着く。ここからは、林道を**新登山口**まで下る。

村道川の口上線方面から見た馬口岳

由の登山を希望する場合は、宮崎演習林認定のインストラクターが所属する大河内森林ガイドの会に問合せること。馬口岳（1時間20分→←1時間10分）江代山。

■**問合せ先**
椎葉村企画観光課☎0982・67・3203、椎葉村観光協会☎0982・67・3139、鶴富（タクシー・椎葉村）☎0982・67・2148、大河内森林ガイドの会☎0983・38・1440、椎葉民俗芸能博物館☎0982・68・7033

■**2万5000分ノ1地形図**
古屋敷

32

貴重な原生林を残す椎葉の一峰を目指す

三方岳

さんぼうだけ
1479m

日帰り

歩行時間=4時間10分
歩行距離=7.1km

技術度

体力度

コース定数=17

標高差=339m

累積標高差 717m 717m

登山道の途中からは目指す三方岳の山頂が見える

三方岳は、椎葉《しいば》村と美郷《みさと》町南郷《なんごう》区の境にあり、主稜線の西側山腹は九州大学宮崎演習林で、南東側は椎葉自然環境保全地域に指定された、貴重な原生林をもつ山である。なお、演習林内は調査研究以外の入林は許可されていないので、ここで紹介する境界線をたどるコースで登ろう。

大河内越登山口《おおかわちごし》には、「三方岳に登山される方へお願い」と題した案内板が設置されている。正面に「三方岳」と書かれた案内板があるので、矢印にしたがって左折して、尾根の境界沿いの登山道を登っていく。

登山道沿いに咲くホオノキの花(6月下旬)

左手は植林地だが、すぐに自然林となる。急登が終わると**「大河内峠500メートル」案内板**がある。左折していくとじきに1318メートル標高点で、イチイの木が立っている。しばらくは緩やかなアップダウンとなり、ブナも林立する自然豊かな森が広がっていて、高木のホオノキも現れる。

やがて三角点のある1367メートルピークに達するが、ここ

■**鉄道・バス** 登山口への公共交通機関はない。

■**マイカー** 東九州道西都ICから国道219号で西米良村村所へ。国道265号へ右折して大河内へ。国道388号へ右折して大河内越へ。西都ICから約2時間。数台の駐車スペースあり。

■**登山適期** 冬(1・2月)と夏(7・8月)は避けたい。アケボノツツジは4月下旬、ホオノキの花は6月中旬から下旬、紅葉は10月下旬が見ごろ。

■**アドバイス** ▽三方岳については、九州大学宮崎演習林内を通過する登山は許可されないが、江代山(津野岳)においては、宮崎演習林認定のインストラクターの同行があれば林内を通過することが可能。林内経由の登山を希望する場合は、宮崎演習林認定のインストラクターが所属する大河内森林ガイドの会へ問合せのこと。

■**問合せ先** 椎葉村企画観光課☎0982・67・3203、椎葉村観光協会☎0982・67・3139、鶴富(タクシー・椎葉村)☎0982・67・2148、大河内森林ガイドの会☎0983・38・1440、椎葉民俗芸能博物館☎0982・68・7033

■**2万5000分ノ1地形図** 日向大河内

←登山道周辺の鮮やかな紅葉(10月下旬)

山頂から望む市房山(右)と石堂山(左)

には**「大河内峠1212㍍」案内板**がある。さらに進むと、所々で展望も開ける。尾根沿いにはブナやミズナラ、ヒメシャラが林立し、コウヤマキやアケボノツツジもある。6月中旬〜下旬にはホオノキの花も見ることができる。

「大河内峠2088㍍」の案内板があるピークをすぎ、ブナの大木の横を抜けていくと傾斜が増してきて、これを登ると山頂から北西にのびる主稜線に合流する。ここには**「大河内峠2965㍍」の案内板**がある。

左折していくと、右手下方に枝ぶりのみごとなホオノキの大木が立っている。先に進むと、ひと登りで**三方岳**の山頂にたどり着く。ブナやホオノキの中のピークだが展望も少しはあり、市房山《いちふさやま》や石堂山《いしどうやま》、樋口《ひぐち》山《やま》などを眺められる。

帰路は往路を戻ろう。

CHECK POINT

1 「登山にあたって」の案内板が設置された大河内越の登山口

2 「大河内峠から500㍍地点」の案内板。下山時には直進しないよう注意

3 1367㍍ピークにある「大河内峠から1212㍍地点」の案内板

4 「大河内峠から2088㍍地点」の案内板。山頂へは残り約1200㍍

5 「大河内峠から2965㍍地点」の案内板。ここも下山時には直進しないよう注意

6 三方岳山頂。樹間から市房山などの展望が得られる

33

三角形の山容が周囲の山々を圧倒する、米良三山の盟主

市房山

いちふさやま
1721m

日帰り

歩行時間＝7時間20分
歩行距離＝11・5km

技術度 ■■□□□

体力度 ♥♥□□□

コース定数	＝**32**
標高差	＝1391m
累積標高差	↗1496m ↘1496m

石堂山から望む市房山(左)。右に鋭い鋸切尾根の稜線が続く

市房山は、西米良村《にしめら》と椎葉村《しいば》、熊本県水上村《みずかみ》の境にある米良三山(石堂山《いしどうやま》、天包山《あまつつみやま》)のひとつで、宮崎県中央部の山々の最高峰である。山麓は照葉樹林と人工林に覆われ、中間部まで林道がのびてきているが、山頂一帯にはかろうじて豊かな自然林が残されている。

市房山山頂。晴れていれば360度の大展望が広がる

槇之口《まきのくち》の**登山口**から、照葉樹林の急傾斜地にジグザグにつけられた登山道を登っていく。すぐに伐採地となるが、急登だけに高度はぐんぐん上がっていく。

ジグザグをくり返して杉林や照葉樹林の急坂を登っていくと、**二合目**の標示板が現れる。やがて右手は伐採地となり、その境界近くを登っていく。伐採されていて展望もよく、山頂方面も見えるが、まだかなり上だ。

三合目をすぎるとじきに作業道が現れ、その脇を通って雑木林に入る。すぐに再び作業道となり、そのすぐ上で**四合目下の林道**(民有林林道上《かみ》米良大平《おおだいら》線)に出る。

100㍍ほど林道を歩き再び登山道に入ると、すぐに四合目だ。しばらく進むとまた林道に出て、

■**鉄道・バス**

登山口への公共交通機関はない。

■**マイカー**

東九州道西都ICから国道219号で西米良村村所へ。村所で右折して国道265号へ。米良の里への案内板を目印に左折。上米良橋を渡り、右折して一ツ瀬川沿いに3㌔北上して登山口へ。登山口の手前に若干の駐車スペースがある。ICから所要約1時間15分。五合目登山口へは、上米良橋を渡って左折する。200㍍先で右折し、民有林林道上米良大平線へ。上米良橋から5合目登山口まで約8㌔、所要約20分。

■**登山適期**

3～6月、9～11月が適期。積雪のある時期や暑い夏は避けた方が無難。アケボノツツジは4月下旬～5月連休、紅葉は10月下旬が見ごろ。

■**アドバイス**

▽五合目への林道の道路状況は、事前に西米良村役場に問合わせておきたい。

▽建て替えられた避難小屋には、15人くらいは座れる休憩室や男女別のトイレも設置してある。

▽西米良村内の国道219号沿いにある双子キャンプ場は、設備が整ったコテージがあり、前泊地に適している。徒歩で数分のところには日帰り入浴施設の「西米良温泉ゆた～と」(入浴料400円、10～22時。第3水

右手に進むと**五合目登山口**の広場がある。

五合目登山口から杉林の中を進んでいくと、すぐに五合目となり、やがて作業路に出る。ここには**案内板**があり、「作業路利用のおすすめ」が記されている。作業路をしばらく進むと、正面には市房山頂方面が見える。六合目をすぎると再び登山道に入り、建て替えられた**避難小屋**に達する。

小屋前から登山道を進んで七合目、さらにスギやヒノキの植林地を進むと開けた登山道となる。**八合目**をすぎ、展望を楽しみながらさらに登ると、**九合目**の水場だ。

周囲は自然林となり、展望のよい露岩をすぎると樹木も背が高くなり、ブナの大木も現れる。しばらく進んで、周囲の樹木の背が低くなってくると、**市房山**の山頂にたどり着く。展望は360度、雄大な景色を楽しめる。

下山は往路を戻る。

CHECK POINT

1 槙之口の市房山登山口。登山届箱が目印だ

2 二合目の案内板。登りはじめからここまで1時間弱

3 四合目下を横切る林道へ。ここからわずかな林道歩き

4 五合目登山口。すぐ横は広場になっている

5 作業道の案内板。しばらくは作業道と山道が交錯する

6 水場がある九合目。山頂へはあと40分弱

建て替えられた避難小屋

曜、元日休）もある。

■問合せ先

西米良村農林振興課☎0983・36・1111、米良タクシー☎0983・36・1051、双子キャンプ村☎0983・36・1833（米良の庄）、西米良温泉ゆた～と☎0983・41・4126

■2万5000分ノ1地形図

市房山・石堂山

34

市房山と並んで、その存在感を誇示する山

石堂山

いしどうやま
1547m

日帰り

歩行時間＝4時間
歩行距離＝5・9km

技術度
体力度

コース定数＝**17**	
標高差＝670m	
累積標高差	↗728m ↘728m

市房山《いちふさやま》、天包山《あまつつみやま》とともに「米《め》良《ら》三山」に数えられる石堂山。一《ひと》ツ瀬《せ》川をはさんで市房山と対峙し、南北に長い山体が並んでいる姿は、霧島《きりしま》山系の山からもすぐに見つけることができる。

登山口から杉林へ入っていくと急登となるが、すぐに緩やかになり、上《かみ》米良からの登山道に合流する。ここには**六合目**の案内板が立てられている。しばらくは緩やかな道だが、しだいに傾斜が増してくると、左手が伐採地となる。西側の展望が開け、市房山の大きな山体が目の前に広がる。

急登が終わり、しばらく進むと**七合目**となる。緩やかなアップダウンの中、ミツバツツジやヤマツツジなどが周囲を彩る。やがて道は北方向へ向きを変え、短いながらも急な坂を登ると**林道**に出る。林道を北へ100メートル

北方の三方山から望む石堂山

ツツジが咲く山頂手前からの市房山

■鉄道・バス
登山口への公共交通機関はない。

■マイカー
東九州道西都ICから国道219号で西米良村村所へ。村所で右折して国道265号へ。井戸内谷に架かる井戸内橋で右折して林道天包線で井戸内峠へ。峠を左折して森林管理道長薮線を登山口へと進む。西都ICから約1時間40分。

■登山適期
3〜6月、9〜11月が適期。積雪期や暑い夏は避けた方が無難。アケボノツツジは4月下旬、ドウダンツツジとヤマツツジは5月下旬、紅葉は10月下旬が見ごろ。

■アドバイス
▽上米良登山口から登る場合、六合目まで2時間20分を要する。上米良橋バス停（1時間30分↓55分）三合目（50分↓↑35分）六合目。
▽石堂山から樋口山へは、所要1時間20分。石堂山（1時間20分↓↑1時間35分）樋口山。
▽西米良村内の国道219号沿いにある双子キャンプ場は、設備が整ったコテージがあり、前泊地に適している。徒歩で数分にところには日帰り入浴施設の「西米良温泉ゆた〜と」（入浴料400円、10〜22時。第3水曜、元旦休）もある。

■問合せ先
西米良村農林振興課☎0983・36

CHECK POINT

六合目登山口。登山届を提出して出発しよう

▼

稜線上の六合目で上米良登山口からのコースに合流する

▼

アセビの木に囲まれた七合目。合目を示す看板には「いい事ありそう」と書かれている

▼

林道から山道に入るとすぐ八合目。合目看板の内容は「何事もやればできるぞ」。この先は道が険しくなる

▼

「くるしさのりきれ」の合目看板がある九合目。クサリ場を越えて山頂を目指す

ほど進み、左の稜線に上がる。

登山道を登っていくと、すぐに**八合目**の案内板がある。その後、アップダウンをくり返しながら進んでいくと、急登や、やせた岩稜も現れるが、ブナやナラなどが林立し、アケボノツツジやドウダンツツジ、ヤマツツジに彩られた登山道は快適だ。西に目をやると、二《ふた》ツ岩へと鋸《のこぎり》尾根が続く市房山が間近に見える。

九合目をすぎると急傾斜地のクサリ場もあるが、アップダウンの間隔が短くなると山頂も近い。やがていちばんの急坂を登ると、**石堂山**山頂に達する。山頂の北面は樹木にさえぎられるが、その他の方向はすばらしい展望が広がっている。

下山は往路を下る。

・1111、米良タクシー☎0983・36・1051、双子キャンプ村☎0983・36・1833（米良の庄）、西米良温泉ゆた～と☎0983・41・4126

■2万5000分ノ1地形図
石堂山

三角点や国体山岳競技開催の記念碑などがある石堂山山頂

35

樋口山

米良三山の背後に隠れた、原生林豊かな山

ひぐちやま
1434m

日帰り

歩行時間＝4時間15分
歩行距離＝4・5km

技術度

体力度

コース定数＝**17**

標高差＝594m

累積標高差 ↗745m ↘745m

↑天包山から望む石堂山（左）と樋口山（右）

←稜線の西側は九州大学宮崎演習林で、ブナなどが林立する自然豊かな森となっている

樋口山は、西都《さいと》市と椎葉《しいば》村の境にあり、米良《めら》三山のひとつ石堂山《いしどうやま》の北にのびる尾根の北端にある。石堂山の陰に隠れてあまり目立たない山だが、石堂山以上に豊かな原生林の残された山で、西都市の最高峰でもある。

登山口から作業道を進んでいくと、右カーブのあとに左カーブとなる。この左へ曲がる箇所が小さな谷で、この谷の左手の斜面に上がり、尾根道を目指して杉林の中を斜上していく。尾根道に合流したら、稜線へ続く登山道を登っていく。登山道はこの支尾根を何度も右から左へと曲がりくねっているため、下りの際には道を見失いそうになる。しっかりと確認しながら登ろう。

やがて標高1140《メートル》あたりで、荒れた**作業道**が前方に出てくる。道を横切ってさらに進んでいくと主稜線が近付いてくる。山腹を右斜めへと上がると、1312《メートル》ピークと1261《メートル》ピークとの鞍部《あんぶ》

■鉄道・バス
登山口への公共交通機関はない。

■マイカー
東九州道西都ICから国道219号で西米良村方面へ進む。東米良交差点で右折し、県道39号で上揚へ。尾吐橋手前を左折し、上揚林道を約7《キロ》進むと登山口。ICから所要約1時間30分。駐車スペースあり。

■登山適期
3～6月、9～11月が適期。積雪のある時期や暑い夏は避けた方が無難。アセビは3月中旬から、ミツバツツジは3月下旬から咲く。紅葉は10月下旬が見ごろ。

■アドバイス
▽南の尾根伝いにある石堂山へは所要1時間35分。樋口山（20分↓↑30分）1318《メートル》標高点（1時間15分↓↑50分）石堂山

■問合せ先
西都市商工観光課☎0983・43・1111、米良タクシー☎0983・36・1051

■2万5000分ノ1地形図
石堂山

に達する（**稜線出合**）。主稜線のど真ん中にはみごとなブナの木が、すっくと立っている。

左に鋭角に曲がり、緩やかに登りながら南進する。東側山腹は急傾斜が続くが、西側はなだらかでブナの林立する森だ。２つ目のピークの少し手前で、左に作業道が見える。下山の際、この作業道をたどっても登山口に戻れるが、距離が約３．７キロと長くなり、時間短縮はあまり望めない。

ピークを越して進むと**鞍部**に達し、山頂への標高差２３０メートルの登りにさしかかる。急登なだけに、急がなくても確実に高度は上がっていく。やがて傾斜が緩むと、**樋口山**の山頂に達する。南から東にかけての展望がよい。

帰路は往路を戻るが、急坂では慎重に行動すること。

↑樋口山山頂の山名標柱

←10月下旬～11月初旬は紅葉も少し見られる

CHECK POINT

上揚林道上の樋口山登山口。約10台分の駐車スペースがある

作業道の左カーブの地点で谷へ入り、斜上する

標高約1140メートルあたりで荒れた作業道を横切る

稜線へ上がるとみごとなブナの大木が立っている

1261メートルの標高点から下ったところにある九大演習林の標柱

山頂への最後の急登手前の鞍部付近に立つブナ

36

尾八重川沿いにそそり立つ、コウヤマキの山

地蔵岳

じぞうだけ
1089m

日帰り

歩行時間＝3時間
歩行距離＝3.5km

技術度

体力度

コース定数＝**14**	
標高差＝691m	
累積標高差	↗711m ↘711m

尾八重川沿いの車道から見上げる地蔵岳。東側は急峻な山容だ

西都市《さいと》尾八重《おはえ》地区に位置する地蔵岳は、東面は急な崖、西面はなだらかな山容をもつ。急峻な山腹にはコウヤマキの群生地があり、東面の日当たりのよい場所ではミツバツツジが見られる。

尾八重大橋の左岸沿いの車道を北に進むと、すぐに**登山口**だ。登山口からいったん川に下って徒渉し、対岸の杉林に入っていく。道は急傾斜地にジグザグにつけられていて、山頂から南東方向へのびる支尾根を目指して登っていく。

コウヤマキの葉。マツの葉に比べ随分と太い

スギの植林地の中を登っていくと、「宮崎県林業公社分収林」の標柱が立っている。やがて杉林も終わり、登山道が南西方向に向きを変えると、伐採地跡に出る。林の中も少し明るくなってきて、やがて**四合目**の案内板が出てくる。これから先は、支尾根を西へ向かって登っていく。ロープ場をすぎると、登山道脇にはフジツツジの木も見かけられる。

しばらくすると**コウヤマキの背**（五合目）となり、コウヤマキの群生地の中を登っていく。足もとにはコウヤマキの枯れ葉が積もっていて、歩き心地がよい。途中、狭い岩尾根も出てくるが、日当たりのよい岩場にはミツバツツジも咲いている。

コウヤマキの肩（六合目）をすぎると急登もほぼ終わりで、しばらく登ると、**打越《うちこし》分岐**の案内板が出てくる。ここから登山道は北へと向きを変え、山腹を斜めに横切りながら登っていくが、目印を見失わないよう気をつけよう。過去に山頂東側の急崖地に迷いこんでの遭難事故も発生している。

しばらくすると傾斜も緩くなってきて、**地蔵岳**山頂に達する。山

地蔵様が置かれた地蔵岳山頂。西側に展望地がある

■**鉄道・バス**
登山口までの公共交通機関はない。
■**マイカー**
東九州道西都ICから国道219号で西米良方面へ向かい、東陵トンネルを抜けたらすぐ右折する。大椎葉ト

頂は樹木に囲まれて展望はないが、西に30メートルほど進むと開けた場所がある。西には石堂山《いしどうやま》や樋口山《ひぐちやま》、南西には霧島《きりしま》山地が望める。

下山は往路を戻るが、徒渉地点のすぐ直前の地点の分岐から踏跡が南へ続いている。こちらに進むと徒渉せずに尾八重大橋の右岸側に出ることができる。

CHECK POINT

1 地蔵岳の登山口。雨後は尾八重大橋西詰の登山口を利用する

2 尾八重川の徒渉点。梅雨時や夏場はヤマビルに注意

3 徒渉先の分岐の案内板。山頂へは右に進む。下山時は直進して尾八重大橋へ

4 木にプレートがつけられた四合目。この先はロープ場がある

5 コウヤマキの背とよばれる五合目

6 六合目のコウヤマキの肩。ここまで来ると傾斜はだいぶ緩くなる

7 打越分岐。分岐とあるが、打越方面への道はない。下山時は方向注意

8 ❸の分岐を直進すると尾八重大橋西詰の登山口に出る。橋を渡れば❶に戻る

ンネルを通り尾八重川沿いの道を進み、尾八重大橋へ。西都ICから約1時間10分。

■登山適期

1～5月、9～12月が適期。梅雨の時期や夏場は避けた方が無難。4月初旬にはミツバツツジが咲く。

■アドバイス

▽暖かい時期にはヤマヒルの被害に遭うことがある。とくに徒渉地点近辺では要注意。足もとをしっかりと保護し、ヤマヒル除けのスプレーなどで対策をしておこう。

▽コウヤマキは、コウヤマキ科の常緑高木で一属一種。本州（福島県以南）、四国、九州に生息するが、九州では宮崎県のみで、尾鈴山や地蔵岳、龍房山、烏帽子岳あたりが南限。なかでも西都市三納の吹山国有林にある大木は、林野庁が選定した「森の巨人たち百選」に選ばれている。幹周り3・96メートル、樹高19メートル。アクセスは東九州道西都ICから国道219号、県道18・324号で西都市三納へ。長谷観音へ向かい、広域基幹林道長谷・児原線（未舗装多い）を約14キロ。さらに吹山登山道を徒歩1時間。

■問合せ先

西都市商工観光課☎0983・43・1111、宮交タクシー西都営業所☎0983・43・0028

■2万5000分ノ1地形図

尾八重

37

宮崎平野が見わたせる絶好の展望所

釈迦ヶ岳

しゃかがたけ
831m

日帰り

歩行時間=4時間
歩行距離=10・8㎞

技術度

体力度

コース定数 =19

標高差 =664m

累積標高差 ↗843m ↘843m

山麓の国富町から見上げる釈迦ヶ岳

九州百名山の看板が立つ釈迦ヶ岳山頂

登山口広場の展望台。釈迦ヶ岳を一望

東諸県郡国富町《ひがしもろかたぐんくにとみちょう》にある釈迦ヶ岳は日本三薬師のひとつ法華嶽薬師寺《ほっけだけやくしじ》の背後にそびえる山で、北部稜線は西都市《さいとし》の掃部岳《かもんだけ》に連なり、九州山地の最南部にあたる。

法華嶽バス停から法華嶽薬師寺へ向かうと、薬師の手前に駐車場がある。車の進入はここまでで、柵の横の通路を通って進んでいくと、**登山口**の案内板があり、山頂まで3600メートルと表示されている。

作業道を進むと、一合目と記された標識がある。標識はこの先も一合目ごとに立てられているので、位置確認によい目安になる。

二合目を経て三合目の先で山腹につけられた道は大きく右に曲がり、今度は大きく左に曲がる。**四合目**の標識で、道は平坦になる。山頂まで2000メートルの表示板と五

■鉄道・バス
往路・復路=宮交シティバスセンター(JR日豊本線南宮崎駅そば)から宮交バスで法華嶽へ。

■マイカー
東九州道宮崎西ICから国道10号、県道24・26・356号で法華嶽公園へ(ICから所要約30分)。公園内に約50台分の駐車場とトイレがある。

■登山適期
1~5月、9~12月。梅雨の時期や夏場は避けた方がよい。雨後にはヤマヒルが出没するので要注意。4月初旬にはミツバツツジ、9月下旬にはキバナノホトトギスも見られる。

■アドバイス
▽その他、南面の綾川荘入口から矢筈岳を経て釈迦ヶ岳へいたるコースがある(3時間45分)。
▽国富町の最高峰として式部岳(1219メートル)があるが、登山口への茶臼岳林道が施錠され、林業関係者や林道工事関係者などしか入れない。
▽登山口の法華嶽公園内に法華嶽公園キャンプ場(期間7~8月)がある。矢筈岳の登山口近くに宿泊施設の綾川荘があり、立ち寄り入浴可。

■問合せ先
国富町財政課☎0985・75・3112、宮崎交通国富バスセンター☎0985・75・2010、法華嶽公園キャンプ場☎0985・78・1943、綾川荘☎0985・77・0

合目の標識をすぎ、**六合目**の広場へ。作業道はここまでで、この先は登山道歩きとなる。

少し下って登り返していくと、ロープの張られた急登の箇所も出てくるが、七合目の標柱あたりで少し傾斜が緩む。やがて山頂まで1000㍍の標示板があり、少し下ったところが**八合目**だ。このあたりからは植林地も少なくなり、自然林になっていく。

再び登り返していくと、ロープの張られたちょっとした岩場があり、少しの間だけ急登になる。さらに進むと、ベンチのある展望所があり、じきに右手に壁のない小屋が見えてくる。ここはもう山頂直下で、ひと登りで**釈迦ヶ岳**山頂だ。西方向以外の展望が開け、ベンチもあり、ゆっくり休憩できる。

なお、西方向にさらに5分ほど進むと、霧島《きりしま》などを望む**展望所**がある。

下山は往路を戻る。

70
■2万5000分ノ1地形図
岩崎・大森岳

CHECK POINT

釈迦ヶ岳の登山口。山頂までは3.6㌔の行程

四合目の標柱。合目ごとに標柱が立っている

六合目で作業道が終わり、ここから山道となる

六合目からの急登は七合目でいったん緩む

九合目付近にはロープの張られた岩場がある

山頂直下にある壁のない小屋。多少の雨はしのげる

38 冠岳

かんむりだけ
438m

ヤマザクラなど咲く好展望の山。見た目ほどの険しさはない

日帰り

歩行時間＝2時間50分
歩行距離＝7・0㎞

技術度 ●○○○○
体力度 ●○○○○

コース定数	＝14
標高差	＝413m
累積標高差	上り 595m / 下り 595m

日向《ひゅうが》市東郷《とうごう》町山陰《やまげ》にある山で、冠状の山容をしていることから「冠岳」とよばれる。日向市中心部から東郷町へ向かい、峠を越えて下ると耳川沿いに出るが、その正面に衝立のようにそびえている。

山の北面から西面にかけては絶壁になっていて、この山の北西部の東郷町の中心地域は日陰になるため、山陰《やまげ》とよばれる。

切瀬《きりせ》バス停から西へ進み左折して冠橋へ。頭上には、冠岳の北壁が突っ立っている。橋を渡り左折していくとY字路があり、右の広域基幹林道熊山《くまやま》線へ進む。やがて**登山口**に出て、右の山道に入る。

1合目ごとに表示板がある杉林の道を登っていく。2合目をすぎると自然林となり、ロープが張られた岩場もある。やがて小さな谷を横切り、さらに進んで5合目をすぎると、**冠北《きた》岳との分岐**だ。

右折して、じきに尾根に上がる。周囲が開けてきて、右手には北面の岩壁も樹間から見える。やがて岩場を通過し、さらに進むと、**第1展望所**に達する。県北方面の山並みや眼下の耳《みみ》川の流れなど、抜群の景観が楽しめる。

西に少し進むと**冠北岳**の案内板があるが、ここでは展望はない。さらに進むと下りとなり、南方向へ向きを変え、下ったところが**交差地点**だ。直進して登っていくと、じきに**冠岳**の山頂に達する。南へ少し進むと千畳《せんじょう》岩で、広い岩場の斜面からは南方向の眺めがよい。

山頂からさらに先へ緩やかに下ると**展望台への分岐**があり、右折し

荒々しい冠北岳の岩壁

■**鉄道・バス**
往路・復路＝JR日豊本線日向市駅下車。徒歩3分の都町バス停から宮交バスで切瀬へ（17分）。登山口まで1・6㌔・25分。

■**マイカー**
東九州道日向ICから県道226号、国道327号で日向市東郷町へ。切瀬で左折して冠橋を渡り再び左折。Y字路は右へ進み、広域基幹林道熊山線で登山口へ。ICから所要約25分。登山口に広い駐車場がある。

■**登山適期**
年間通して登れる。ヤマザクラやミツバツツジは3月中旬から下旬。

■**アドバイス**
▽第1展望所はすばらしい景観だが、岩の右端は絶壁なので要注意。

■**問合せ先**
日向市観光協会☎0982・55・0235、宮崎交通延岡営業所（バス）☎0982・32・3341、宮交タクシー日向営業所☎0982・52・3131

■**2万5000分ノ1地形図**
山陰

↑ミツバツツジが咲く第１展望所

←北東麓の日向市東郷町中ノ原から望む冠岳

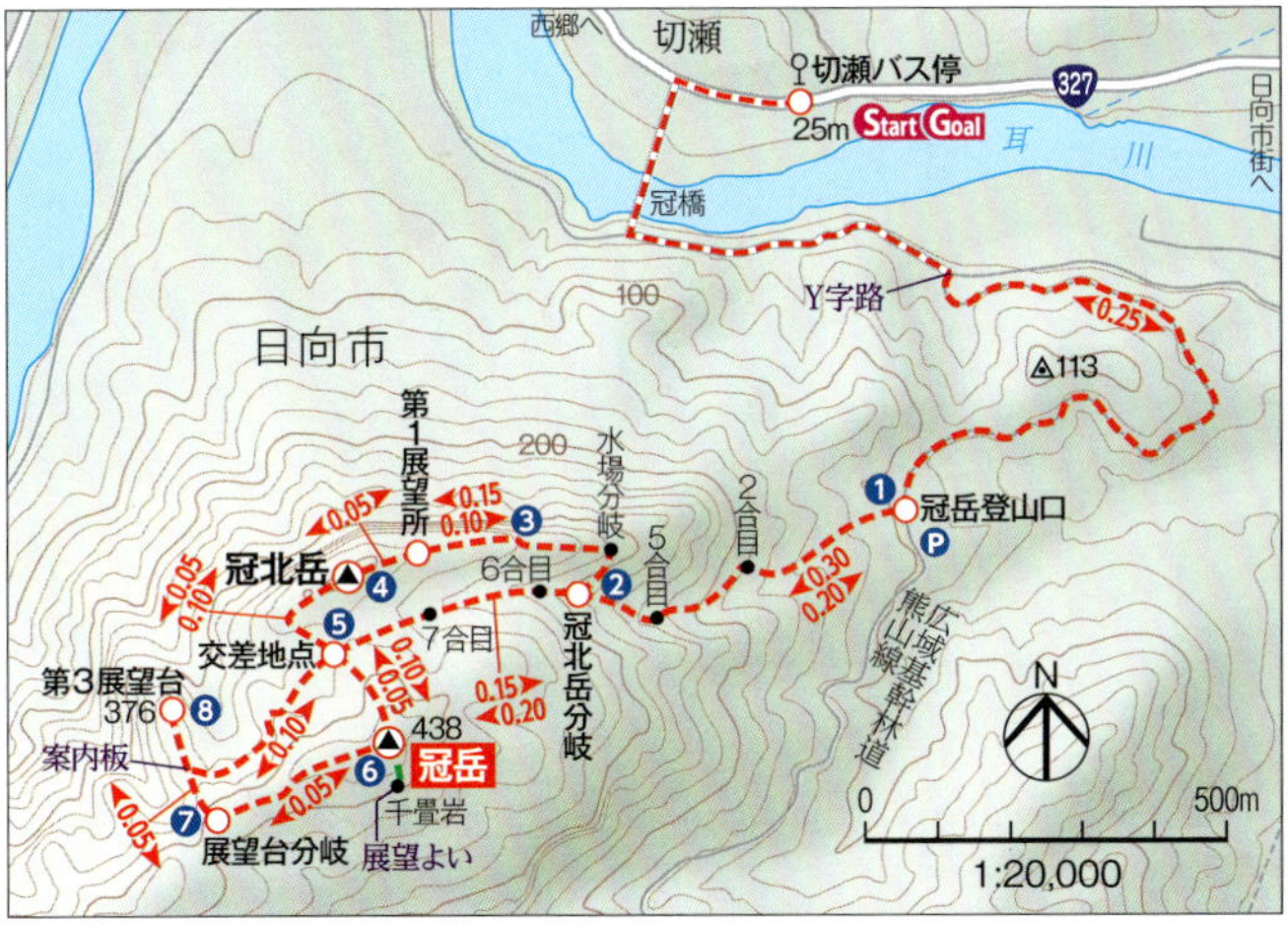

て下っていくと、4等三角点のある**第3展望台**に出る。ここも北方向の眺めのよい場所だ。

登山道を少し後戻りすると案内板があり、左折すると、山頂手前で通過した**交差地点**に出る。直進して下っていき、**冠北岳分岐**を経て**登山口**へと帰り着く。さらに林道を進んで、**切瀬バス停**へと戻る。

CHECK POINT

1 冠岳登山口。20台以上が停められる駐車スペースがある

2 登山口から30分ほどで、5合目と6合目の中間となる冠北岳分岐に着く

3 第1展望所の手前は岩場を通過する箇所がある

4 冠北岳の山頂。展望は樹間から少しだけ得られる

5 交差地点は文字通り十字に登山道が交差する。冠岳山頂へは直進する

6 展望のない冠岳山頂。南へ50㍍行くと南方向の展望が抜群の千畳岩がある

7 展望台分岐。第3展望台へは右折していく

8 4等三角点（376㍍）のある第3展望所。三角点名は「冠山」

39

シャクナゲ群生地と尾鈴山瀑布群が魅力の日本二百名山

尾鈴山

おすずやま
1405m

日帰り

歩行時間＝6時間35分
歩行距離＝13.2km

技術度 ■□□□□
体力度 ■■□□□

コース定数	＝31
標高差	＝983m
累積標高差	↗1415m ↘1415m

尾鈴山は、都《つ》農《の》町と木《き》城《じょう》町の境に位置する。南東面はなだらかで、北側と西側は非常に険しい山容をしている。南東側は名貫《なぬき》川の源流域で、欅《けやき》谷や矢研《やげん》谷などに多数の滝が懸かり、尾鈴山瀑布群として国の名勝となっている。滝や渓流近くのしぶきで濡れた岩の上には多数の苔が生息し、渓谷沿いには固有種や南限の植物も見られる。また、九州では宮崎県だけとされるコウヤマキが岩稜地に生息する。

尾鈴キャンプ場入口の先にある**九重頭《くえんとう》駐車場**から右下を流れる谷に懸かるいくつもの滝を眺めながら林道を進み、甘茶《あまちゃ》谷に架かる橋を渡ると、**甘茶谷登山口**だ。

いきなりの急登ではじまるが、すぐに尾根に達して、自然林の中を登っていく。登山道には一合目ごとに標示板が設置されている。周囲はうっそうとした樹林帯の中で展望が得られない。

さらにジグザグにつけられた道を登っていくと、所々に露岩が現れ、**五合目**となる。まだまだ急登は続くが、道沿いにスズタケが多くなってくると山頂も近い。

九合目をすぎると傾斜も緩んできて、東方向の展望が開ける。さらに進んで尾鈴神社の祠が現れると**尾鈴山**山頂に着くが、山頂は樹々に囲まれて展望はない。

ひと休みしたら、先へ進もう。西へ向かうと緩やかな下りになり、稜線沿いに南へ向きを変える。緩やかなアップダウンをくり返しながら下ると、アケボノツツジやシャクナゲ、コウヤマキなども現れる。やがて**長崎《ながさき》尾《お》**に達し、次のピークでは周回コースが道を分ける。

直進して鞍部から登り返すと矢《や》筈岳《はずだけ》分岐となるが、ピークへは行かずに左へ向かうと、急な下りと

白滝展望所から見た白滝（落差75メートル）

キバナノツキヌキホトトギス

西都市・一ツ瀬川畔からの尾鈴山系

■**鉄道・バス**
往路・復路＝JR日豊本線川南駅またはJR日豊本線都農駅からタクシーで九重頭駐車場へ。
■**マイカー**
東九州道高鍋ICから県道19・302号、国道10号で川南町中里へ、県道

CHECK POINT

甘茶谷登山口。ここからいきなり急登がはじまる

コース中には合目ごとに案内板がある（五合目）

平らで展望のない尾鈴山の山頂

ケルンが積み上げられた長崎尾のピーク

林道に設置されている案内板

すだれの滝の案内板越しに滝を望む

なる。下方に林道が見えてくるが、右手の山腹をトラバースしてから再び下り、**林道**に出る。

林道を横切って植林地の尾根を下ると、白滝《しらたき》を眺められる展望所がある。さらに下ると徒渉地となり、谷を渡ると白滝への分岐の標柱がある。**白滝**へは5分もかからないので、ぜひ寄っていこう。

分岐へ戻り谷沿いの軌道跡を下っていくが、所々ショートカットできる箇所もある。トンネルを抜けるとすぐ右側に、さぎりの滝が少しだけ見える。その先には**「すだれの滝」の案内板**があり、右上方に垣間見える。さらに下り、軌道跡から右へと進むと出発地の**九重頭駐車場**に帰り着く。

307号に入り九重頭駐車場（計約40台・トイレあり）へ。

■登山適期

通年登られているが、春の花のシーズンは周回コースがおすすめ。アケボノツツジは4月下旬、ミツバツツジやシャクナゲはほぼ同時期か、一週遅れ。キバナノツキヌキホトトギスは9月下旬から10月初旬。

■アドバイス

▽**尾鈴山瀑布群**　尾鈴山の南東部は名貫川、北は石並川、西は小丸川の支流などに囲まれて、山中には多数の滝が懸かっている。「日本の滝百選」の矢研の滝をはじめとした周辺の滝は「尾鈴山瀑布群」として、国の名勝に指定されている。夏にはこれらの谷を対象とした沢登りを楽しめる。なかでもとくに甘茶谷や欅谷は、遡行後の下山にここで紹介した登山道を利用できるので人気がある。

■問合せ先

都農町産業振興課☎0983・25・5712、宮交タクシー高鍋営業所☎0983・23・0026、三和交通都農待機所（タクシー）☎0983・25・1201、エムアール交通川南営業所（タクシー）☎0983・27・1155、尾鈴キャンプ場☎0983・25・5721（都農町観光協会）

■2万5000分ノ1地形図

尾鈴山

40

韓国岳

大きくえぐれた火口の姿が印象に残る、霧島山の最高峰

からくにだけ
1700m

日帰り

歩行時間＝4時間10分
歩行距離＝10・1km

技術度

体力度

コース定数＝19

標高差＝512m

累積標高差 ↗746m ↘746m

韓国岳は、えびの市と小林《こばやし》市、鹿児島県の境にある霧島山《きりしまやま》の最高峰である。山頂からの展望は抜群で、韓《から》の国まで見わたせるというのでこの山名がついたともいわれ、360度さえぎるものは何もない。

えびの高原の駐車場横から硫黄《いおう》山《やま》へいたる遊歩道に入り、車道に出ると韓国岳の**登山口**がある。このあたりは硫黄山の火山活動が高まったため、従来の登山道は閉鎖され、以前より南側を通るルートに変更された。

登りはじめからしばらくすると急登が終わり、従来の登山道と合流して一合目の標識のある谷を横切る。再度急登になるとしだいに周囲の樹木も背を低め、樹林帯を抜けるといっきに展望が開ける。

広場が現れ、北から西にかけて雄大な眺めが望める。さらに登っていくと**五合目**となり、やがて登山道は火口縁に沿っている箇所も出てくる。このあたりは冬には霧氷も見られ、美しい光景が広がる。

じきに傾斜も緩み、大浪池方面からの道と合流して、**韓国岳**山頂へ達する。山頂からの眺めは最高で、眼下に広がるえびの高原や大《おお》浪《なみ》池、獅子戸岳《ししどだけ》、新燃岳《しんもえだけ》、中岳《なかだけ》、そして高千穂峰《たかちほみね》が一望できる。空気の澄んだ時期には、北には祖母《そぼ》山《さん》や傾山《かたむきやま》、北西には長崎県の雲《うん》仙《ぜん》、南には屋久島《やくしま》まで望める。

えびの岳から望む韓国岳

韓国岳から見た部分氷結の大浪池

■鉄道・バス

往路・復路＝JR吉都線小林駅からタクシーでえびの高原へ。所要約30分。3～11月の土・日曜、祝日は宮崎市街からえびの高原への直通バス「りんどう号」（宮交バス）が運行される（1日1便）。

■マイカー

九州道えびのICから県道53・30号でえびの高原へ。または宮崎道小林ICから県道1号でえびの高原へ（ともにICから約30分）。えびの高原に有料駐車場（約700台）がある。

■登山適期

通年可。キリシマミズキは4月中旬～下旬、ノカイドウは4月下旬、ミヤマキリシマは5月下旬、紅葉は10月下旬～11月初旬が見ごろ。冬は凍結などに要注意。

■アドバイス

＊2018年4月現在、新燃岳や硫黄山の火山活動により、本コースは登山禁止となっている。

▽えびの高原のみに咲くノカイドウの開花期間は短い。花が開いてしまうとほとんど白色で、ピンクの蕾から開いていくその途中が見ごろ。

▽えびの高原の駐車場横には、観光施設の足湯の駅えびの高原がある。えびの高原キャンプ村は、入浴のみも可。また、霧島の自然を紹介するえびのエコミュージアムセンターにはライブカメラが設置してあり、イ

＊本コースの登山道の状況は、えびの高原エコミュージアムのホームページ内「登山情報」を参照のこと。

マンサクの花が咲く大浪池周回路からの韓国岳（3月中旬）

帰路は往路を下ってもよいが、少し寄り道をしてみよう。大浪池方面へと下り、鞍部の**韓国岳避難小屋**前から右折してえびの高原方面へ向かい、150㍍ほど進んだら左折して大浪池へと上がる。所々にベンチのある周回路を歩いて1周し、**避難小屋**へ戻ってくる。

あとはえびの高原への案内板にしたがって進むが、周囲はモミやツガ、アカマツなどの針葉樹だけでなく、ブナなど落葉樹の大木も林立する豊かな森が広がっている。

周囲がアカマツの多い林になると、やがて県道（**大浪池・えびの岳《だけ》登山口**）に出る。この近辺が国の天然記念物に指定されているノカイドウの自生地だ。県道を5分も歩くと出発地の**駐車場**へ戻る。

ンターネットで韓国岳の画像を見ることができる。

■問合せ先
えびの市観光商工課☎0984・35・1111、えびのエコミュージアムセンター☎0984・33・3002、宮交タクシー小林営業所☎0984・23・3121、宮崎交通お客様バス案内センター☎0985・32・0718、足湯の駅えびの高原☎0984・33・1155、えびの高原キャンプ村☎0984・33・0800

■2万5000分ノ1地形図
韓国岳

CHECK POINT

1

県道1号沿いにある韓国岳の登山口

2

閉鎖地点を右折して、変更されたルートに入る

3

登山口から登ること40分ほどで五合目に出る

4

韓国岳山頂の大きな標識。足もとに1等三角点がある

5

鞍部にある韓国岳避難小屋。天候急変時に心強い

6

大浪池標識。晴れていれば後方に韓国岳がそびえる

＊コース図は104・105ページを参照。

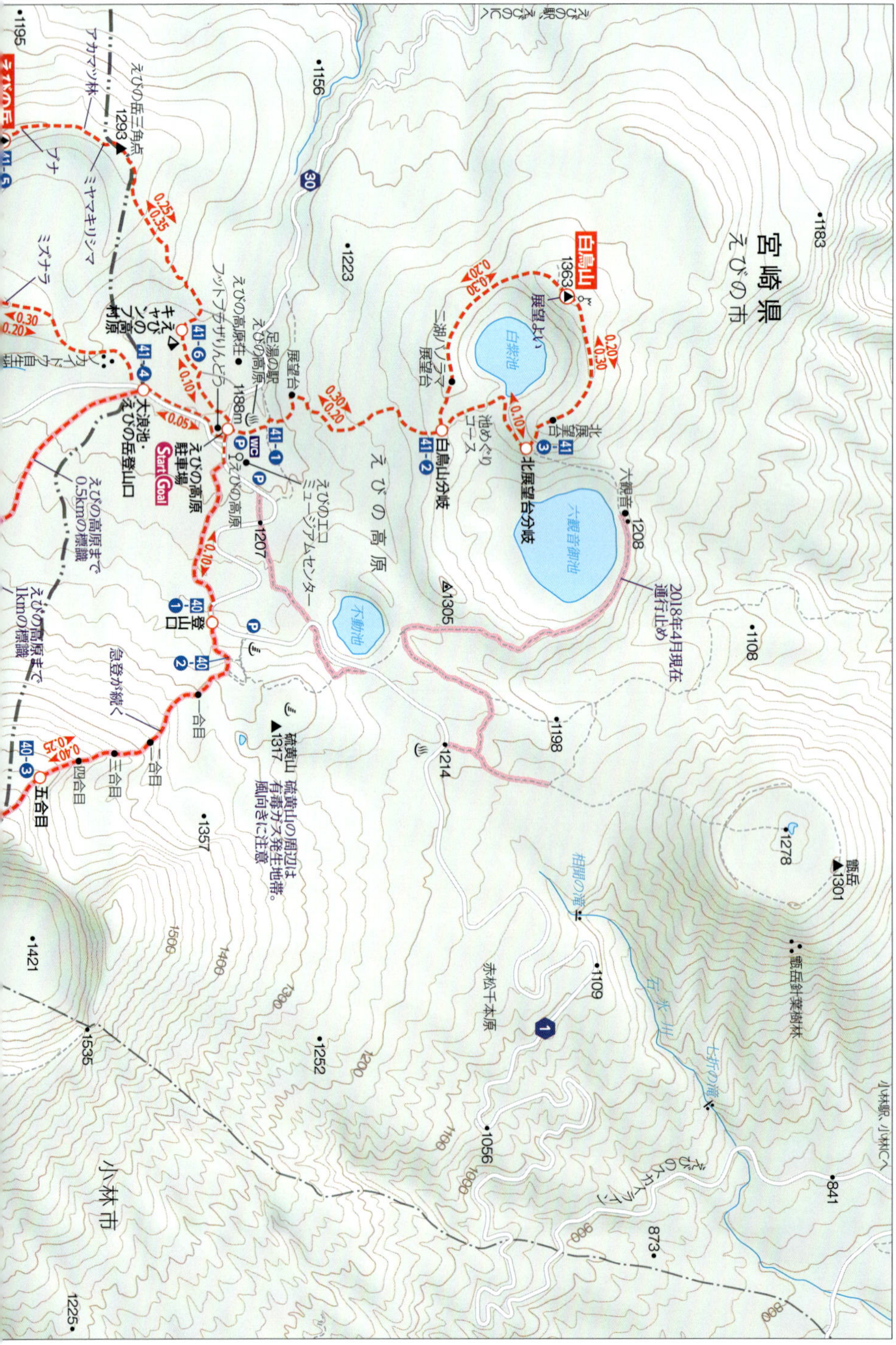
宮崎県
えびの市
小林市
白鳥山
1363
展望よい
白紫池
六観音御池
六観音
不動池
えびの高原
北展望台分岐
白鳥山分岐
二湖パノラマ展望台
池めぐりコース
北展望台
展望台
足湯の駅えびの高原
えびの高原荘
えびの高原駐車場
えびのエコミュージアムセンター
大浪池・えびの岳登山口
キャンプ村
えびの岳三角点
1293
アカマツ林
ミヤマキリシマ
ブナ
ミズナラ
2018年4月現在通行止め
硫黄山
1317
硫黄山の周辺は有毒ガス発生地帯。風向きに注意
登山口
一合目
二合目
三合目
四合目
五合目
急登が続く
えびの高原まで0.5kmの標識
えびの高原まで1kmの標識
甑岳
1301
甑岳針葉樹林
赤松千本原
相関の滝
七折の滝
えびのスカイライン
えびの駅、えびのICへ
小林駅、小林ICへ
1188m
Start
Goal

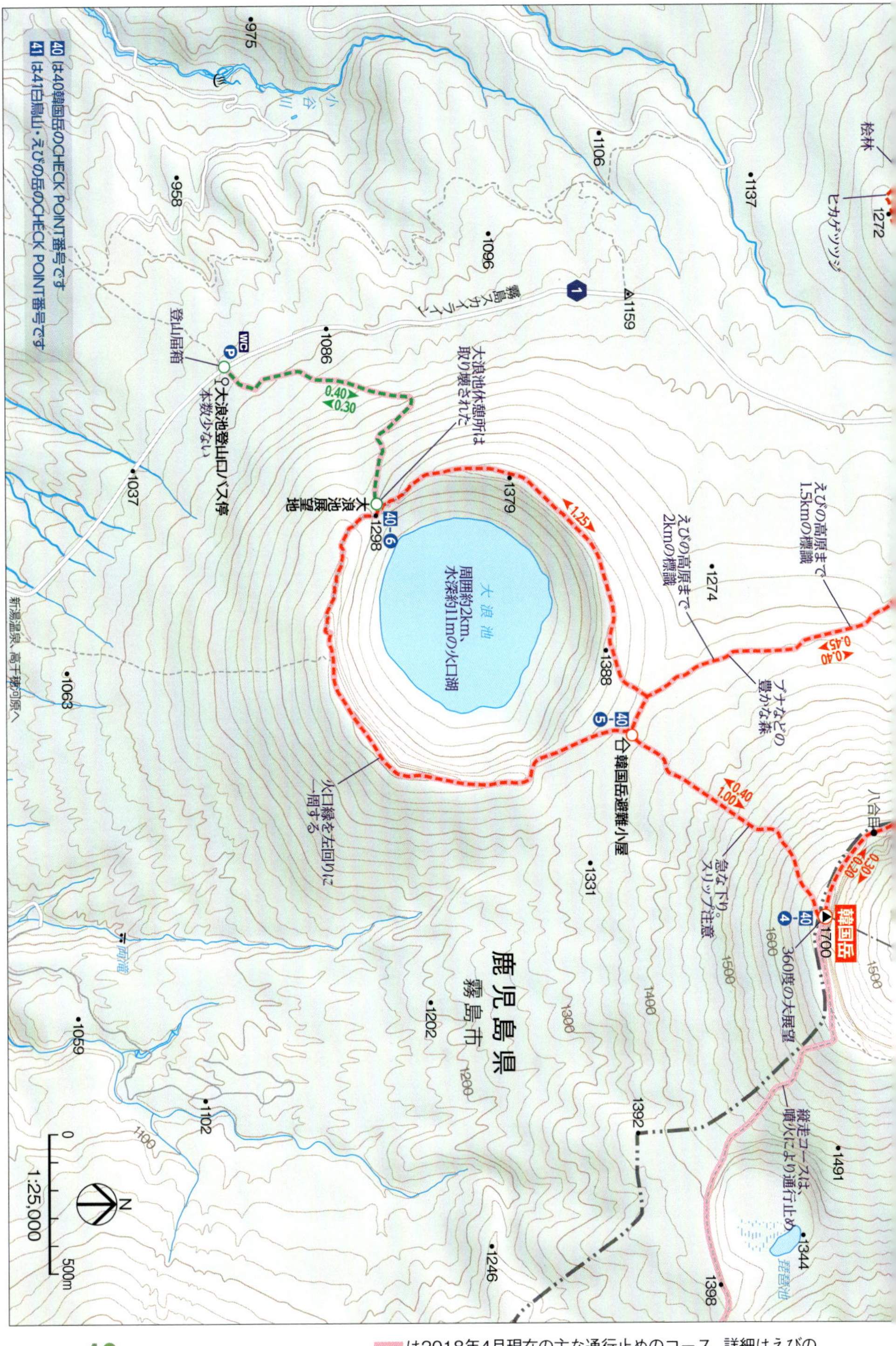

は2018年4月現在の主な通行止めのコース。詳細はえびのエコミュージアムセンターホームページ内「登山情報」を参照。

二湖パノラマ展望台からの六観音御池と甑岳

41

火口池の展望を楽しみ、火山地帯には珍しいブナ林を歩く

白鳥山・えびの岳

しらとりやま 1363m
えびのだけ 1293m（三角点）

日帰り

歩行時間＝3時間
歩行距離＝7・6km

技術度
体力度

コース定数＝**12**

標高差＝186m

累積標高差 381m 381m

白鳥山は韓国岳《からくにだけ》の北西部に位置する霧島《きりしま》火山群のひとつで、山頂は火口湖・白紫《びゃくし》池の北西部火口壁上にある。登山口と山頂との標高差も小さく、池めぐりやえびの岳と組み合わせると、四季それぞれのえびの高原の姿を楽しむのに最適なハイキングコースとなる。

えびの高原の駐車場横から池めぐりコースに入り、緩やかに登っていく。案内板が設置され、遊歩道沿いの樹木には名札がつけられている。やがて左に展望所が現れ、韓国岳やえびの高原一帯が見わたせる。さらに登っていくと傾斜も緩み、**白鳥山への分岐**に出る。

右は白鳥山を経由しない池めぐりコースで、ここは左へとり白鳥山へと向かう。しばらく登っていくと二湖《にこ》パノラマ展望台で、眼下に白紫池、その向こうに六観音御《ろくかんのんみ》池と甑岳《こしきだけ》が望める。やがて登山道の傾斜が少し増してきて灌木帯を抜けると、無線中継所の鉄塔が立ち並ぶ**白鳥山**山頂に達する。山頂からの眺めはすばらしく、北には九州中央山地の山々、北西には長崎の雲仙《うんぜん》まで望める。

北東方向に緩やかに下った白鳥山北展望台からは、眼下に六観音御池の湖面が広がる。急坂を下ると三叉路の**北展望台分岐**に出る。左の道は六観音から先が2018年4月現在通行禁止なので、右折して**駐車場**へ戻ってくる。

駐車場前の三叉路を車道沿いに南へ400㍍ほど進むと県境になり、案内板がある。ここが**大浪池《おおなみ》・えびの岳登山口**で、左は大浪池、

■**鉄道・バス**
往路・復路＝102㌻「韓国岳」を参照。

■**マイカー**
102㌻「韓国岳」を参照。

■**登山適期**
年間を通して楽しめる。ノカイドウは4月下旬、新緑の4・5月、ミヤマキリシマは5月下旬。紅葉は10月下旬から11月初旬が見ごろ。

■**アドバイス**
▽冬期は冷えこみが続くと氷結した白紫池が見られる。以前は天然のスケートリンクとして営業していたこともある。
▽えびの高原のみに咲くノカイドウの開花期間は短い。花が開いてしまうとほとんど白色で、ピンクの蕾から開いていくその途中が見ごろ。
▽えびの高原の駐車場横には、観光施設の足湯の駅えびの高原がある。えびの高原キャンプ村は、入浴のみも可。また、霧島の自然を紹介するえびのエコミュージアムセンターにはライブカメラが設置してあり、インターネットで韓国岳の画像を見ることができる。

■**問合せ先**
えびの市観光商工課☎0984・35・1111、えびのエコミュージアムセンター☎0984・33・3002、宮交タクシー小林営業所☎0984・23・3121、宮崎交通お客

↑韓国岳五合目から望むえびの岳

←韓国岳を望む白鳥岳山頂

右がえびの岳への道だ。緩やかに登っていくとあたりはアカマツ林で、幹にはツタウルシが絡まっている。触れないように注意しよう。坂道を登るにつれて周囲はうっそうとした森になり、ミズナラやブナの木も現れる。いったん鞍部へ下ると桧林があり、登り返して露岩を左方から巻いて登っていくと、**えびの岳**の案内板がある。周囲の展望は抜群だ。

ほとんど平坦な道を北へと進んでいくとアカマツ林となり、ミヤマキリシマも群生している。えびの岳の三角点（1293メートル）をすぎると道は下りとなり、やがて**えびの高原キャンプ村**だ。キャンプ場を抜け、**駐車場**前に戻る。

様バス案内センター☎0985・32・0718、足湯の駅えびの高原☎0984・33・1155、えびの高原キャンプ村☎0984・33・0800

■2万5000分ノ1地形図

韓国岳

韓国岳五合目からの白鳥山と白紫池。右下は不動池

CHECK POINT

1

駐車場の先にある池めぐりコース入口

2

白鳥山への分岐。往路はここを左に進む

3

北展望台分岐。六観音御池から先の道は通行止め

4

えびの岳登山口は右手に進んで登山道に入る

5

えびの岳山頂を示す案内板。三角点は少し北にある

6

えびのキャンプ場側の登山口。駐車場へは10分ほど

＊コース図は104・105ページを参照。

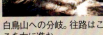

矢岳のヤマツツジの奥に見える高千穂峰

42 日帰り 高千穂峰

たかちほみね
1574m

天を突くような山容を誇示する天孫降臨伝説の山

歩行時間＝4時間20分
歩行距離＝5・5km

技術度
体力度

コース定数	＝19
標高差	＝886m
累積標高差	↗930m ↘930m

高千穂峰は霧島《きりしま》連山の南東部に位置し、どこから見ても美しい秀峰として知られている。山頂には天孫降臨《てんそんこうりん》の伝説にちなむ天《あま》ノ逆鉾《さかほこ》が立ち、霧島連山では韓国岳と人気を二分している。

宮崎県側の登山口には、霧島東《ひがし》神社、皇子原《おうじはら》、夢ヶ丘《ゆめがおか》などがあるが、ここでは天孫降臨コースとよばれる北面からの登山道を紹介しよう。

天孫降臨コースの**登山口**は、高《たか》崎《さき》川支流の高千穂川に架かる高千穂第5砂防ダムのすぐ先である。マイカーは、林道にあるゲートの手前の空き地に駐車できる。

案内板にしたがってゲート手前左手の作業道を下っていくと、土砂が堆積した砂防ダムの上部に出る。そのまま横切っていくと案内

■**鉄道・バス**

往路・復路＝JR吉都線高原駅から狭野まで宮交バスが運行されているが、登山口まで5キロ以上歩く必要がある。高原駅からタクシー利用がいいだろう。所要約20分。

■**マイカー**

宮崎道高原ICから国道221号に右折し、次の交差点を左折して国道223号を御池方面へ向かう。狭野神社入口の交差点から右折して県道406号に入り、皇子原公園を通過してさらに奥へ進む。道路が分岐する地点に「高千穂峰天孫降臨コース」と書かれた案内板があり、それにしたがって進むと駐車スペースがある登山口に出る。ICから所要約20分。

■**登山適期**

年間を通して登れるが、積雪のある時は避けた方が無難。ミヤマキリシマは5月下旬～6月初旬が見ごろ。

■**アドバイス**

▽新燃岳や御鉢の火山活動により、コースが閉鎖されることがある（状況の確認は108ページ欄外を参照）。

▽高千穂峰へのほかのコースの所要時間は、霧島東神社から山頂へは3時間40分、皇子原コースは4時間、夢ヶ丘（御池小学校上）登山口からは2時間30分。

▽山頂には避難小屋の高千穂峰山頂小屋（収容10人）が建っている。

▽皇子原公園近辺には、立ち寄り入

＊本項の登山道の状況は、鹿児島県霧島市ホームページ内「霧島の山々」を参照のこと。

山麓の高原町から仰ぎ見る高千穂峰は、ひときわ高い

天ノ逆鉾の立つ高千穂峰山頂

板があり、森の中に入っていく。照葉樹林の緩やかな登り坂には大木もあり、快適に歩いていける。照葉樹林というと昼間でも薄暗いイメージがあるが、ここは少し陽も通り、適度に明るい。

やがて正面の傾斜が増し、右手に回りこんで登ると、Y字路に出る。ここが**天孫降臨コース分岐**で、昔からの皇子原ルートに合流する。樹間から少しは展望も得られ、休憩するのに最適だ。周囲は落葉樹が増えてきて、冬枯れの頃はいっそう明るい登山道になる。

現在は展望がなくなった**第二展望台**をさらに登っていくと、左上に樹間を通して二子《ふたご》石が見えてくる。やがて周囲の樹木も背を低め、灌木帯になっていく。北西方向に新燃岳《しんもえだけ》や韓国岳《からくにだけ》も姿を現し、標高1200㍍をすぎると高千穂峰山頂も見えてくる。

道が山腹の左手に回りこんでいくと**皇子原分岐**で、霧島東神社からのルートに合流する。右折すると、正面に岩壁が立ちふさがる。道は岩場の左右にあり、右を巻いても左を巻いてもよい。

鳥居をすぎると最後の急登となるが、道は最近整備されて、以前より登りやすくなった。息をはずませながら登っていくと、やがて天ノ逆鉾の立つ**高千穂峰**山頂に到着する。360度、さえぎるもののない展望が広がっている。ゆっくり休憩して、周囲の山々の眺めを楽しもう。

帰路は往路をそのまま下る。

＊コース図は111㌻を参照。

浴施設の皇子原温泉健康村がある。8〜20時。無休。入浴料300円。▽霧島山系最大の火口湖・御池湖畔に広がる御池野鳥の森は、全国で4箇所ある野鳥の森のひとつで、年間を通して多くの野鳥を観察することができる。

■問合せ先

高原町まちづくり推進課☎0984・42・2111、高原町観光協会☎0984・42・4560、宮交タクシー小林営業所☎0984・23・3121、宮交タクシー高原営業所☎0984・42・1117、宮崎交通都城営業所（バス）☎0986・22・3434、高千穂峰山頂小屋☎0984・42・4010（石橋晴生）、皇子原温泉健康村☎0984・42・1221

■2万5000分ノ1地形図

高千穂峰

韓国岳山頂から望む新燃岳（中景右）と高千穂峰

CHECK POINT

1 天孫降臨コース登山口。山頂までは約2.7キロ、2時間半の行程。登山届を提出して出発しよう

2 歩きはじめて5分ほどで砂防ダムに出る。これを渡って登山道へと進んでいく

3 旧道（皇子原コース）分岐。下山時は間違えて皇子原コースに入らないように注意すること

4 標高約1080メートル地点にある第二展望台。現在は樹木の成長により、名ばかりの場所になってしまった

5 皇子原分岐で霧島東神社からのルートと合流する。この道は九州自然歩道の一部となっている

6 上部の岩場を左右から越えると、山頂への最後の急登となる。道は近年整備され登りやすくなった

1:35,000
0
500m
N
高千穂峰
小林市
宮崎県
都城市
高原町
気象庁の噴火警戒レベル対象の山となっている
御鉢
馬ノ背
背門丘
天ノ逆鉾
高千穂峰山頂小屋
九合
岩場
第二展望台
天孫降臨コース分岐
天孫降臨コース登山口
下山時方向注意
皇子原分岐
皇子原登山口
皇子原公園
皇子原コース
天孫降臨コース
一ノ鈴
二子石
七合目
六合目
五合目
四合目
三合目
二合目
一合目
夢ヶ丘コース
夢ヶ丘登山口
ミヤマキリシマ
小池コース
2.8kmの標示
九州自然歩道
倒木
霧島東神社
霧島東神社登山口
小池
御池
御池神社
御池キャンプ場
小池登山口
宮前
横尾
御池小
青少年自然の家
狭野、大橋、高原市街へ
皇子原公園、国道223号へ
向方
後原
頭方
704m
1574
1408
1206
1321
223
45

43 低山の森に奇岩が点在し、魅力あふれる宮崎市民いこいの山

双石山

ぼろいしやま
509m

日帰り

歩行時間＝3時間25分
歩行距離＝7・0km

技術度

体力度

コース定数	＝14
標高差	＝451m
累積標高差	↗ 507m ↘ 507m

宮崎市から南を眺めると、2つの山並みが見える。左側は斟鉢山《くんぱちやま》と花切山《はなきりやま》で、右側が双石山だ。南北に長い山容の北西面に急な崖が続く急峻な山だが、南東側には豊かな照葉樹林があり、「双石山の自然林」として国の天然記念物に指定されている。この「ぼろいしやま」という山名は、ボロボロと崩れやすい岩石からなるため名付けられたという。

塩鶴《しおづる》登山口からスギの植林地の中を登っていくと、やがて社が見えてくる。今では展望がなくなってしまった第一展望所で、ここを通りすぎると数分で正面に巨岩が現れる。岩の基部には、針《はり》の耳《みみ》神社が祀られている。

右手に回りこんで登っていくと**尾根コースと谷コースの分岐点**がある。尾根コースへ進み、急登を上がると大岩《おおいわ》展望台だ。岩上からは宮崎市街地など北方向の眺めがよい。さらに登って

天狗岩直下に祀られる針の耳神社

宮崎市鏡洲地区から眺める双石山西面

■**鉄道・バス**
往路・復路＝JR日豊本線清武駅からタクシーで塩鶴登山口へ（約15分）。

■**マイカー**
宮崎道清武南ICから県道340・338・27号を経て塩鶴登山口へ。400㍍先の小谷登山口に約20台分の駐車スペースがある。

■**登山適期**
年間を通して登れるが、暑い7、8月はできれば避けたい。3月中旬にはミツバツツジ、4月中旬～下旬の稜線にオンツツジが咲く。

■**アドバイス**
▽双石山と東側の斟鉢山と花切山、岩壺山に囲まれた加江田川一帯は宮崎自然休養林に指定されており、宮崎市近郊にあって絶好の森林浴が楽しめる地域となっている。
▽双石山の登山コースには、ほかに加江田渓谷のひょうたん淵からのコース、硫黄谷休憩所からのコース、小谷登山口からのコースなどがある。

■**問合せ先**
宮崎市観光戦略課☎0985・21・1791、宮崎自然休養林保護管理協議会☎0985・21・1919（宮崎市森林水産課）、宮交タクシー☎0985・59・4141、国際タクシー清武・田野営業所☎0985・85・5555

■**2万5000ノ1地形図**
日向青島・築地原

4月の稜線に咲くオンツツジの花

展望の少ない双石山山頂

いくと谷コースと合流し、すぐに**第二展望所**だ。ここも北方向の眺めがよい。

　第二展望所からは、なだらかな稜線歩きとなり、うっそうとした照葉樹林の中を南進する。この山頂にかけての稜線沿いにはオンツツジがけっこうあり、4月中旬に見ごろを迎える。**加江田《かえだ》渓谷への分岐**をすぎると、右手に**山小屋**が見えてくる。冬期の風の強い時や雨の際は、休憩するには快適だ。

　さらに進むとちょっとした急登があり、ほどなく**双石山**山頂だ。樹木に囲まれた山頂で、展望があるのは南西方向だけである。

　下山は、山頂から南方向へと下り、アップダウンを3度くり返す。**稜線分岐**で西方向へ折れ、急な坂道を下っていく。傾斜が緩くなってくると植林地となり、**姥ヶ嶽《うばがだけ》神社**の横に出る。さらに下っていくと、やがて**九平《ここのひら》登山口**にたどり着く。県道27号を3・3キロ歩くと、**塩鶴登山口**に帰り着く。

CHECK POINT

さまざまな案内板が立つ塩鶴登山口。駐車スペースはない

大岩展望台付近ではロープを伝って登る箇所がある

4月中旬にオンツツジが咲く第二展望所。宮崎市街の眺めがよい

森の中の山小屋。雨天や風の強い日の休憩に便利

稜線分岐。ここから右折して姥ヶ嶽神社へと下っていく

姥ヶ嶽神社の鳥居が建つ九平登山口。塩鶴登山口までは約3.3キロの車道歩き

44

緑豊かな照葉樹林で森林浴を楽しむ

斟鉢山

くんぱちやま
500m

日帰り

歩行時間＝2時間15分
歩行距離＝5.0km

技術度
体力度

コース定数＝12
標高差＝460m
累積標高差 579m 579m

田植えの終わった3月下旬、山麓の木花地区から見上げる斟鉢山

樹林帯の陰地で、10月に咲くキバナノホトトギス

北方の宮崎市清武町から望む斟鉢山。遠くからでも目立つピークだ

斟鉢山は、加江田《かえだ》川をはさんで西にそびえる双石山《ぼろいしやま》とともに鵜戸《うど》山地の北端に位置し、南に花切山《はなきりやま》、そして主峰の岩壺山《いわつぼやま》へと続いている。宮崎市街地から望むその山並みは、ひときわ目立つ存在である。

JR日南《にちなん》線曽山寺《そさんじ》駅から県道377号に出て西に進み、県道376号へ左折していく。道なりに進んでT字路を左折し、踏切を横断する。しばらく進んで杉雨《すぎう》荘先から左折し、片ノ《かた》田《た》地区を通り、深《ふか》田《だ》川沿いに林道を進んでいくと、やがて左手に**鳥居**が見えてくる。ここまでおよそ40分。右手に広場があり、駐車可能だ。

鳥居の横の作業道を南へ進んでいくと、やがて前方にこれから登る尾根が見えてくる。**尾根への登り口**には「くんぱちハイキングコース」と書かれた案内板がある。

案内板から右手のスギの植林地の中へ続く登山道を登っていくが、いきなり尾根を直登するのではなく、右手の山腹に向かって斜めに向かい、その後方向を変えて尾根筋に戻ってくる。そこから先は、尾根の直登がしばらく続く。

■鉄道・バス
往路・復路＝JR日南線曽山寺駅。宮交バス利用の場合は、曽山寺バス停で下車。駅やバス停から登山口へ徒歩40分。

■マイカー
宮崎道宮崎ICから国道220号で曽山寺地区へ。県道377号へ左折し、すぐ県道376号へ右折して片ノ田地区へ。杉雨荘の先から左折して鳥居のある広場へ。ICから所要20分。

■登山適期
暑い7、8月は避けた方がよい

■アドバイス
▽内山地区から知福川沿いに加江田林道を進み、27支線に入ると穴元登山口の案内板がある。この登山口から山頂へは神社往復を入れて、所要35分。穴元登山口（15分→←10分）林道（5分→←3分）分岐（5分→←5分）斟八神社（5分→←5分）分岐（5分→←5分）斟鉢山。
▽山頂から南へ主稜線をたどると、赤松展望所まで1時間、さらに花切山へは1時間10分。
▽青島自然休養村センターは、景勝地・青島の山手にある宮崎市営の温泉施設。ぬるま湯風呂は、32度の源泉を加熱なしにそのまま源泉掛け流し。日帰り利用（9～16時）大人400円、小人200円（3歳以上中学生以下）。ただし、市内在住の60歳以上（要証明）は190円。また、

もっとも、傾斜はさほどきつくない。登山道の左手は杉林だが、右手は自然林となる。しばらくすると両側ともに杉林となり、傾斜が強くなってくる。

登山道は斜面を西向き、東向き、再度西向きとジグザグに登り、平らな台地の上に着く。ここは、その昔カネゾウさんという人が住んでいたらしく、「**カネゾウ小屋跡**」と書かれた案内板がある。

「くんぱち山へあと0・9キロ」との案内板にしたがって先へ進む。いったん谷へと下り、涸れた谷を横切って対岸の小さな支谷に沿って登っていく。周りはうっそうとした自然林となり、点在する露岩にも根を張りめぐらせている。

しばらくすると谷沿いの道も終り、正面に杉林が見えてくる。道は右に折れて、左の杉林と右の自然林の境の尾根を登っていく。東方向に青島《あおしま》が遠望できる地点があり、そこをすぎると鳥居が現れ、**斟八神社**《くんぱち》に着く。神社からは北と南に、少し展望が得られる。

神社から西へ進んでいくと、穴《あな》元《もと》登山口への**分岐**となり、緩やかな登りで**斟鉢山**の山頂だ。

展望を楽しんだら、往路を戻る。

山頂から日南の海岸を俯瞰する

障害者手帳をお持ちの方と介護者1名は半額。火曜、年末年始休。

■問合せ先

宮崎市観光戦略課☎0985・21・1791、宮崎交通お客様バス案内センター☎0985・32・0718、宮交タクシー☎0985・59・4141、青島自然休養村センター☎0985・65・1921

■2万5000分ノ1地形図

日向青島

CHECK POINT

「斟八神社」と記された鳥居。周辺の広場に駐車スペースがある

▼

作業道を5分ほど行くと尾根への登り口がある。右手のスギの植林地へと入る

▼

歩きはじめから40分弱でカネゾウ小屋跡に着く。ここから谷へ下る

▼

森の中にひっそりとたたずむ斟八神社。登山の無事をお願いしていこう

▼

山頂は樹木に囲まれているが、尾鈴山や宮崎市街など北方向の展望が得られる

45

花切山

宮崎市近郊にある、低山ながら深山の趣をもつ緑濃い山

はなきりやま
669m

日帰り

歩行時間＝3時間55分
歩行距離＝6・7km

技術度
体力度

コース定数＝16
標高差＝467m
累積標高差 655m 655m

花切展望所から北東の斟鉢山方面の展望

花切山は、別名「下徳蘇山《しもとくそやま》」とも称され、北の斟鉢山《くんぱちやま》、南の岩壺《いわつぼ》山《やま》を合わせて徳蘇連山とよばれている。主稜線の東側はなだらかだが、西側は断崖となって加江田《かえだ》川に切れ落ちる急峻な山並みだ。

椿山《つばきやま》キャンプ場入口の橋を渡らずに、川沿いの道を直進すると300㍍で行き止まりとなる。ここが丸野《まるの》駐車場からの**加江田渓谷遊歩道終点**で、丸野駐車場から9・4㌔の標示がある。

ここから緩やかに下る遊歩道を歩いていくが、この遊歩道は過去に木材搬出に使われていた軌道跡で、まだ所々にその痕跡が残っている。しばらくすると、**花切山登山口**の案内板が出てくる。ここから右折して支線に入ると緩やかな登りとなる。やがて**滝《たき》コース分岐**の案内板が現れ、そのまま尾根《おね》コースを直進すると登山道は軌道跡から左下の谷へと下りていく。

徒渉してしばらくすると、傾斜が増してきて、ロープやハシゴにすがっての急登になる。50㍍ほど登ると少し傾斜が緩み、さらに50㍍ほど登ると、第一ピークに達する。この先は緩やかな登りがしばらく続くが、**あかご淵《ぶち》分岐**あたりから再び急登となる。じきに**滝ルート**が右手から合流し、527㍍標高点で傾斜も緩む。

さらに進んでいくと、花切展望所の案内板が見えてくる。展望台へは左手の斜面に取り付いて登っていくと、1分もかからない。展望もよく、山頂で展望を得られないぶん、ここで楽しもう。

登山道に戻ってしばらく進むと赤松《あかまつ》展望所からの道との**三叉路**となり、右斜めに登っていくと**花切山山頂**に達する。周囲は高木に囲まれて、ほとんど展望はない。

下山は、**滝コース合流点**まで戻り、左折していく。山腹をトラバース気味に下っていくが、やがて谷沿いの道となる。途中に小さな滝を高巻きする箇所やハシゴ・ロープもあるが、おおむね緩やかな下りが続く。

やがて**鏡《かがみ》洲《ず》万葉《まんよう》の滝**が見えてきて、じきに**滝コース分岐**、**花切山登山口**に達して、**遊歩道終点**に帰り着く。

宮崎市清武町から望む花切山

CHECK POINT

加江田渓谷遊歩道終点が、花切山登山道椿山コースの入口となる

加江田川沿いの遊歩道を進むと、右手に花切山の登山道入口がある

尾根コースと滝コースの分岐点。登りは尾根コースをとる

尾根を登っていくと左からあかご淵コースが合流してくる

先ほど分かれた滝コースが左から合流してくる。下山時はここで滝コースへ

花切展望所への入口。立ち寄って岩峰上からの眺めを満喫しよう

樹林の中であまり展望のない花切山の山頂。3等三角点が埋まっている

滝コースのハイライト・鏡洲万葉の滝

■鉄道・バス

往路・復路＝JR日豊本線清武駅からタクシーで椿山キャンプ場へ。所要約30分。

■マイカー

宮崎道清武南ICから県道340・338・27号を進んで椿山峠へ。峠をすぎ、椿山キャンプ場への案内がある地点で左折して家一郷林道に入り、椿山キャンプ場へ。ICから所要30分。

■登山適期

年間を通して登山可能だが、暑い7・8月はできれば避けたい。花はさほど多くはないが、3月中旬にはミツバツツジ、4月になるとオンツツジが咲く。

■アドバイス

▽別ルートとして北面の丸野地区からの平成登山道やあかご渕コース、加江田渓谷沿いの遊歩道がある。

■問合せ先

宮崎市観光戦略課☎0985・21・1791、宮崎自然休養林保護管理協議会☎0985・21・1919（宮崎市森林水産課）、椿山森林公園管理事務所☎0985・58・3200、宮交タクシー☎0985・59・4141、国際タクシー清武・田野営業所☎0985・85・5555

■2万5000分ノ1地形図

日向青島

花立公園方面から望む岩壺山の山並み。右から左へ郷谷山、岩壺山、花切山方面

46 コケ植物の宝庫・猪八重渓谷の源流地帯から鵜戸山地の最高峰へ

岩壺山《いわつぼやま》

738m

日帰り

歩行時間＝4時間50分
歩行距離＝6・8km

技術度 ■□□□□
体力度 ■■□□□

コース定数＝**19**
標高差＝403m
累積標高差 ↗759m ↘759m

岩壺山は、宮崎市と日南《にちなん》市の境に位置する山で、双石山《ぼろいしやま》や斟《くん》鉢山《ぱちやま》から花切山《はなきりやま》、岩壺山、郷谷《ごうや》山《やま》、谷之城《たにのじょうやま》山と続く鵜戸《うど》山地の最高峰である。これらの鵜戸山地の山々は、東側の山腹は傾斜が緩やかだが、西側は断崖となって加江田《かえだ》川や猪八重《いのはえ》川に切れ落ちる急峻な山並みである。そのため東側は植林地が多く、稜線近くまで林道がのびていて、その林道を利用すれば山頂に達するのはたやすい。しかし西側からは、急峻で複雑な地形のため容易ではない。まして、この岩壺山は北からも南からも再奥地なので、なおさらだ。そのため登山者も少なかったが、日南市北郷《きたごう》町が2008（平成20）年に「森林セラピー基地」に認定され、猪八重渓谷が知られはじめ、徐々に岩壺山への登山者も増えつつある。

本太郎《ほんたろう》地区の車道終点から作業道を先に進むと「岩壺山山頂へ」と記された案内板がある。ここが**登山口**で、作業道から右斜め下に続く登山道を進んでいく。杉林を下っていき谷を渡ると、ロープが張ってある。じきに大きな水流の音が聞こえてくる。右下方に滝があり、樹間から落ち口あたりが少しだけ垣間見える。

先に進んで小さな谷を渡ると猪八重川の**徒渉地**だ。石伝いに渡り、斜面を登っていくと、「本太郎コース登山口へ」と記された案内板がある**分岐**に出る。

緩やかなアップダウンをくり返して進むと、左側に「大山《おおやま》神社」と刻まれた石碑がある。じきにスダジイの大木が現れ、すぐ横に「岩壺山へ」の**案内板①**が立てられている。やがて徐々に傾斜も増してくると、再び**案内板②**があり、右折して登っていく。しばらく進むとさらに傾斜が増してきて、**モミの大木**が現れる。

先に進むと急登の連続で、やせ尾根もあり、補助ロープが設置された箇所もある。やがて岩壁の横を通って登ると、**岩壺山**の山頂に登り着く。

山頂でひと休みしたら、往路を引き返す。

スダジイの大木に生えていたカンゾウタケ

CHECK POINT

1 本太郎地区にある岩壺山登山口

2 猪八重谷川の徒渉地。増水時は引き返す

3 徒渉地から尾根に上がると案内板がある分岐に出る

4 「大山神社」と刻まれた石碑

5 スダジイの大木横の案内板①

6 ❺から約15分で再び案内板②がある。右へ進む

7 見上げるようなモミの大木

8 2等三角点がある岩壺山の山頂

■鉄道・バス
登山口への公共交通機関はない。

■マイカー
宮崎道田野ICを左折し県道28号で日南市方面へ。北郷小入口交差点を左折して県道429号へ、広渡川の橋の先を左折して花立公園へ向かう。公園の手前から公園の東側を北へ進む道に入り、1・2キロ先の三叉路を右折。1・4キロ進むと再び三叉路となり、右折して2キロ進むと、本太郎地区の五重の滝への遊歩道入口がある。遊歩道入口手前を左折して200メートルで登山口。ICから約1時間。

■登山適期
通年登れるが、梅雨時から暑い夏はできれば避けたい。花はさほど多くはないが、3月中旬にはミツバツツジ、4月になるとオンツツジが咲く。

■アドバイス
▽山頂への最短コースは東側山麓の宮崎市内海地区からの内海林道で、1時間で往復できる。ただし案内板などはなく、地図とコンパス必携。
▽北面の花切山からは2時間20分。
▽大雨が降ったあとで川が増水している場合は、徒渉地を渡れないため、登山は取り止めよう。

■問合せ先
日南市観光協会☎0987・31・1134

■2万5000分ノ1地形図
坂元・築地原・日向青島

47

猪八重渓谷

森林セラピー基地認定の苔の宝庫の渓谷をのんびりトレッキング

いのはえけいこく
約220m（最高地点）

日帰り

歩行時間＝2時間30分
歩行距離＝5・1km

技術度

体力度

コース定数	＝9
標高差	＝127m
累積標高差	↗283m ↘283m

展望所からの五重の滝。名前通り5段に水を落とす

猪八重渓谷は、宮崎県日南《にちなん》市に流れる広渡《ひろと》川の支流で、北郷《きたごう》町猪八重地区の猪八重川の上流域にある。宮崎市の斟鉢山《くんぱちやま》から岩壺山《いわつぼやま》、郷谷山《ごうややま》、谷之城山《たにのじょうやま》へといたる鵜戸《うど》山地とその西の鰐塚《わにつか》山地の間に位置している。九州の南東部にある宮崎県はもともと多雨地域であるが、この猪八重渓谷はさらにその傾向が強く、年間降水量は約3000ミリにもなる。それらの地形気象条件のもと、五重の滝をはじめとする滝群も点在している。その渓谷沿いは、一定の温度と湿度が保たれていて、貴重なコケ類の宝庫として知られる。2008（平成20）年には森林セラピー基地として認定され、認知度が上がりつつある。また、2013年から開催されている「北郷森林セラピートレイル」のコースにも含まれている。

猪八重渓谷入口を出発し、猪八重川に架かる涼風橋《りょうふう》を渡って坂道を登る。「遊々《ゆうゆう》の森」と名付けられた**学習の森**をすぎると川沿いの道となり、元水力発電所用の井堰を通過する。やがて**1号橋**「ネムノキ橋」で右岸へ、続いて2号橋で再び左岸へ。急な階段を登ると、吊橋の3号橋「ユスノキ橋」だ。川面から20メートルほどの高さの橋から森を見わたしていると、その光景や樹木の香り、川のせせらぎの音、鳥の鳴き声などで体と心が癒される。

さらに4号橋、5号橋、6号橋と進むと**炭がま跡**が現れる。じきに7号橋を渡ると、再び右岸となる。遊歩道沿いのイチイガシの大木には苔やシダ類がびっしりと着生していて、この森の豊かさを物語っている。

岩壁にはイワタバコも群生している

■**鉄道・バス**
往路・復路＝JR日南線北郷駅からタクシーで猪八重渓谷入口へ（約10分）。

■**マイカー**
宮崎道田野ICを左折して県道28号で日南市方面へ。北郷小入口交差点を左折して県道429号で猪八重渓谷入口へ。ICから所要約40分。駐車場とトイレがある。

■**登山適期**

CHECK POINT

1 猪八重渓谷入口にある記帳所。トイレと自動販売機が隣接している

2 学習の森の案内板。学習の森には75種の広葉樹が生育する

3 1号橋すぐ手前の対岸の支流にある小滝

4 「ネムノキ橋」と名付けられた1号橋。このあと7号橋まで渡る

5 炭がま跡の案内板。当時の様子が写真で説明されている

7号橋先に立つイチイガシの木に着生する苔やシダ類。豊かな森であることを実感できる

流合の滝は緩やかな斜滝だ

やがて谷は2つに分かれ、流合《はけあい》の滝が現れる。そのまま右岸を進むと岩つぼの滝があり、じきに**五《ご》重《じゅう》の滝**（落差25㍍）へたどり着く。爽快な眺めを満喫したら、往路を引き返す。

通年楽しめるが、大雨が降ったあとで川が増水している場合は避ける。

■アドバイス

▽流合の滝から五重の滝にかけての濡れた岩はすべりやすいので注意。

▽この山系の主峰である岩壺山へは五重の滝方面からも登ることができるが、中・上級者向けの難コース。

▽登山口の約1㌔手前に、無料の温泉足湯「猪八重温泉足湯」がある。宿泊施設としては蜂之巣キャンプ場や、北郷小入口交差点から日南市街地方面へ車で5分ほどの北郷温泉郷に丸新荘とサンチェリー北郷がある。

■問合せ先

日南市観光協会☎0987・31・1134、宮崎第一交通北郷営業所（タクシー）☎0987・55・2035、蜂之巣オートキャンプ場☎0987・55・3828、丸新荘☎0987・55・2953、サンチェリー北郷☎0987・55・3611

■2万5000分ノ1地形図

坂元

48

鰐塚山
イワザクラ咲く、360度の展望が魅力の山

日帰り

わにつかやま
1118m

歩行時間＝3時間30分
歩行距離＝5・2km

技術度
体力度

コース定数	＝16
標高差	＝782m
累積標高差	上り 785m / 下り 785m

↑宮崎市田野町から望む鰐塚山（左）。アンテナ群が目印だ

（右）「あと500㍍」案内板～山頂間に咲くイワザクラ。花期は4月下旬
（左）尻無川源流域で7月下旬に咲くオオキツネノカミソリ

鰐塚山は、宮崎市、日南市《にちなん》、北《きた》諸県《もろかた》郡三股《みつまた》町の境に位置し、霧島《きりしま》山系の山々を除けば、県南部で1000㍍を超す唯一の山である。そのため、テレビ・ラジオ局や官公庁をはじめとする各種の電波中継所が立ち並び、山頂まで車道も通じている。しかし、その山中には豊かな自然の植生が残されており、ぜひ自分の足で登ってほしい。

登山道は、宮崎市田野《たの》町側からと三股町側からの2つがあるが、花の楽しみなどから、田野町側からのルートを紹介したい。

駐車場から100㍍ほど進み尻《しり》無《なし》川に架かる橋を渡ると**登山口**だ。尾根筋に残っている照葉樹林の急傾斜地にジグザグにつけられた登山道を登っていく。登るにつれて、周囲の樹木も大きなものが出てくるようになる。

傾斜が緩んでくると、やがて**「あと2000㍍」の案内板**が現れ、右前方には鉄塔が立っている。山

コース中には500㍍ごとに案内板がある

■**鉄道・バス**
往路・復路＝JR日豊本線田野駅から登山口までのバス便がないため、タクシーを利用する（約10分）。

■**マイカー**
宮崎道田野ICから左折して県道28号に入り、高速道路の下をくぐってすぐに右折。約700㍍でT字路になり、左折して県道343号に入り鰐塚山方面へ。約4・5㌔走ると登山口への案内板があり、右折して約1㌔で登山口。登山口の100㍍手前に駐車場がある。ICから約10分。

■**登山適期**

CHECK POINT

尻無川に架かる橋を渡るとすぐに登山口がある。登山口は200㍍手前にある

登りはじめから30分ほどで鰐塚山の山頂方面を見通せる第5鉄塔に着く

標高約800㍍地点に設置された「頂上まであと1000m」の案内板

「頂上まであと500m」の案内板。山頂へは残り30分ほど

山頂直下で車道に出る。山頂へは左に進む

頂にある中継所施設に電気を供給するもので、山麓から山頂にかけて11基あり、そのうちの4～10の7基が登山道沿いにある。

しばらく緩やかに登っていくと次の**第5鉄塔**に達し、山頂とそこへ続く尾根筋を見上げることができる。第6鉄塔をすぎると急登になり、少しやせ気味の尾根を行く。再び緩やかな道となり第8鉄塔をすぎると、やがて**「あと1000㍍」の案内板**が現れ、じきに最後の第10鉄塔に達する。

ここから最後の急登になり**「あと500㍍」案内板**をすぎると、ツクシミカエリソウの群生地があり、やがてイワザクラ自生地だ。このあたりから周囲の樹々は低木が主となり、アセビの木が多くなると、じきに車道に出る。

左にとり、車道を200㍍も歩くと**鰐塚山**の山頂にたどり着く。東には鵜戸《うど》山地の山々や日向灘《ひゅうがなだ》、北には男鈴山《おすずやま》、西には霧島山、南西方向には桜島《さくらじま》や高隈山《たかくまやま》など、360度の展望が広がる。

下山は往路を戻る。

年間を通して登れる。イワザクラとミツバツツジは、4月下旬が見ごろ。尻無川源流域のオオキツネノカミソリは7月下旬。シギンカラマツやツクシミカエリソウ、キバナノホトトギスは9月中旬。

■アドバイス

▽県道343号から右折してすぐ別府田野川を渡る地点は、通常時は水量が少なく道路下の水路を流れているが、大雨後に増水してくると道路の上まであふれて流れるので、通行できない。

▽第10鉄塔からオオキツネノカミソリ自生地へは、案内板や目印となるものは設置されていないので、地図とコンパスが必携である。初級者だけでは入らないこと。

■問合せ先

宮崎市観光戦略課☎0985・21・1791、国際タクシー清武・田野営業所☎0985・85・5555

■2万5000ノ1地形図

築地原

49

小松山

スギの植林の多い日南市の中にあっては、貴重な自然林の残る山

こまつやま
989m

日帰り

歩行時間＝2時間45分
歩行距離＝3・4km

技術度
体力度

コース定数＝**11**
標高差＝457m
累積標高差 ↗483m ↘483m

南東方向の山麓から見た小松山

小松山は、日南市《にちなん》にある日南山地の山で、山地の中では鰐塚山《わにつかやま》についで2番目の高さである。南北方向から見ると、台形の形をしていてさほど険しくは感じないが、間近に見るとけっこう険しい山容である。登山道はいくつかあるが、どのルートも急登がある。ここでは、石原《いしはら》コースから登り、ケヤキ林経由で下るコースを紹介しよう。

石原コースの登山口から杉林の中を進んでいくと、はじめは緩やかだが、すぐに急登となり、ジグザグに道を登っていく。やがて自然林となり補助ロープが張られている。地面に落ちて積み重なった枯葉がすべりやすいので慎重に登っていこう。

じきに**ケヤキ林展望所**の案内板が見えてくる。矢印の方向へ進むと、植林地や伐採地の中にハート形をしたケヤキ林が見える。

登山道に戻り杉林を抜けると再び自然林となり、ロープ場を登っていく。少し傾斜も緩むと、「**小松パラダイス**」と記された案内板が立っている。森の中で展望はないが、周囲に比べると木漏れ日が多く感じる。数本だが、秋には紅葉も見れる。

照葉樹林が主で紅葉する樹木の少ない山では貴重な紅葉

■**鉄道・バス**
登山口への公共交通機関はない。

■**マイカー**
宮崎道田野ICを左折して県道28号で日南市方面へ。日南市北郷町黒荷田地区の先から広域農道（黒潮ロード）へ右折し、串間市方面へ進む。日南市山之口橋から国道222号へ右折して、都城市方面へ。日南ダム入口を通りすぎて150㍍ほど先で市道石原線へ右折する。随所に登山口への案内板が設置されているので、それにしたがって進む。

■**登山適期**
梅雨と盛夏以外の通年。

■**アドバイス**
▽他コースとして板床コース、緑の滝群コース、稜線・坂元コースがある。小松大山神から北にのびる尾根や、稜線・坂元コースの西側から北にのびる尾根には登山道はない。

■**問合せ先**
日南市観光協会☎0987・31・1134、宮交タクシー日南営業所☎0987・23・4141

■**2万5000分ノ1地形図**
坂元・飫肥

ケヤキ林展望所から見たケヤキ林。ハート形をしていて、真ん中に杉の大木が立っている。ケヤキ林の紅葉は11月上～中旬頃

さらに先へ進むと、所々にアカガシの大木もある。再び急登となり、3度目のロープ場をすぎると、傾斜も緩む。稜線・坂元《さかもと》コースとの分岐を右に曲がると、**小松山**の山頂だ。山頂は切り開かれていて明るく、そこそこ展望もある。

下山は板床《いたどこ》コースへ向かう。北東方向へ続く稜線へ進み、いったん緩やかに下って登り返すと、**小松大山神《おおやまつみ》**の祠がある。ここから右へと曲がり、東方向への尾根を下っていく。しばらくすると杉林となり、さらに下ると**三叉路**に出る。直進すると板床登山口、右へ進むとケヤキ林登山口だ。

右折して行くと、じきに**作業道**に出る。横断してさらに下るとケヤキ林に入る。さらに進むとケヤキ林の中心部にスギの大木が立っている。

やがてケヤキ林を抜けると杉林となり、急傾斜地のロープ場を下ると林道に降り立つ。ここが**ケヤキ林登山口**で、林道を600メートル進むと**石原コースの登山口**へ帰り着く。

CHECK POINT

1 石原コースの小松山登山口。下山時はここに戻ってくる

2 ケヤキ林展望所への分岐。展望台は小松山の反対方向に進むとすぐにある

3 標高860メートル地点にある小松パラダイスの標柱。わずかだが紅葉が楽しめる

4 小松山山頂。天気がよければ太平洋や霧島連山などの展望が広がる

5 小松大山神のお社。ここで稜線を外れ、右手に下っていく

6 三叉路。直進は板床コース登山口、ケヤキ林登山口へは右へ進む

7 作業道を横切って、ケヤキ林に入っていく

8 ケヤキ林コース登山口。近くには駐車場がある

50

スダジイやタブノキなどの照葉樹に覆われた緑深い山

男鈴山・女鈴山

おすずやま 783m
めすずやま 741m

日帰り

歩行時間＝5時間30分
歩行距離＝7・9km

技術度
体力度

コース定数＝21
標高差＝399m
累積標高差 818m 818m

女鈴山山頂近くに立つアカガシの大木

日南市《にちなん》飫肥《おび》の街中から西方を見ると、ひと際目立つ山がある。それが男鈴山で、日南市と串間《くしま》市の境に位置する日南山地の山である。北側に位置する小松山《こまつやま》が、どちらかというと角ばった山容であるのに対し、こちらは丸っこい山容である。

登山口のふるさと林道の峠には林道開通記念碑が立ち、道路の反対側には「鈴嶽《すずたけ》の峯《みね》遊歩登山道入口」の案内板が設置されている。道路わきの斜面を上がると、すぐに尾根道となり、伐採跡地の境を登る。やがて**520㍍標高点**あたりになると、スダジイの木が増え、北側が伐採されたあたりでは小松山方面の眺めがよい。

イチイガシやヤブニッケイ、ウラジロガシ、マテバシイ、スダジイ、アカガシ、タブノキなどがあり、樹木の名前を記したプレートもつけてあり、ありがたい。

杉林をすぎ、624㍍標高点から下ると、「ふるさと林道コース」と記された案内板があり、やがて次のピークを越すと、祠が現れる。祠からひと登りで、赤根《あかね》方面からのルートと合流する**三叉路**だ。「ひざつき坂」と名付けられた最後の急登を登りきると、**男鈴山**の山頂

女鈴山山頂直下に建つ鈴嶽神社

■鉄道・バス
登山口への公共交通機関はない。

■マイカー
宮崎道田野ICで左折して県道28号で日南市方面へ。黒仁田地区の先から広域農道（黒潮ロード）へ右折し、串間市方面へ。日南市山之口橋から右折して国道222号へ入り、都城方面へ。鷹取地区で左折して、ふるさと林道小布瀬風野線で登山口へ。田野ICから所要約50分。

■登山適期
1～4月と10～12月。ヤマビルが生息しているため、梅雨時および夏場は避けた方がよい。

■アドバイス
▽東山麓の赤根地区から東側山腹にのびる林道を進み、女鈴山登山口から女鈴山へ登るコースは所要1時間。林道をさらに奥へと進み、男鈴山登山口から男鈴山へ登るコースは所要1時間。
▽串間市風野地区から女鈴山山頂へ林道が通じており、車なら30分ほどで上がってくることができる。

■問合せ先
日南市観光・スポーツ課☎0987・27・3315、串間市商工観光スポーツランド推進課☎0987・72・1111、宮交タクシー日南営業所☎0987・23・4141、宮交タクシー串間営業所☎0987・72・0112

に達する。

休憩後、さらに南進し、鞍部《あんぶ》へ下って登り返していくと、やがて車道が現れ、じきに鈴嶽神社と鈴嶽大明神《だいみょうじん》の石柱の立つ**女鈴山**の山頂に達する。東方向の展望がよく、休憩するには最適の場所だ。山頂の南西直下には鈴嶽神社が照葉樹林の中に建っている。

下山は往路を戻る。

■2万5000分ノ1地形図
飫肥・尾平野

日南市飫肥方面から望む男鈴山（右）と女鈴山

CHECK POINT

1

ふるさと林道登山口。約5台の駐車スペースがある

2

520㍍標高点付近は伐採され小松山方面の展望がよい

3

624㍍ピーク直下の「ふるさと林道コース」案内板

4

赤根方面との分岐となる三叉路。男鈴山へは約15分

5

残念ながら展望のない男鈴山の山頂

6

鈴嶽神社と鈴嶽大明神の石柱の立つ女鈴山山頂

●著者紹介

緒方 優（おがた・まさる）

1957年宮崎県に生まれる。会社員。20代からはじめた趣味の写真で自然に興味をもちはじめ、30代半ばにしてはじめて自らの意思で登った国見岳（1738.8㍍）で片目が開いた。その3年後の秋に登った祖母山・傾山、大崩山でいっきに山に魅了されて、宮崎県の山を主体に登り続けている。

共著にヤマケイアルペンガイド⑬『九州の山』『九州百名山地図帳』（いずれも山と溪谷社）がある。

宮崎市田野町在住。

分県登山ガイド44

宮崎県の山

2018年6月1日 初版第1刷発行

著 者 —— 緒方 優
発行人 —— 川崎深雪
発行所 —— 株式会社 山と溪谷社
〒101-0051
東京都千代田区神田神保町1丁目105番地

■乱丁・落丁のお問合せ先
山と溪谷社自動応答サービス TEL03-6837-5018
受付時間／10:00-12:00、13:00-17:30（土日、祝祭日を除く）
■内容に関するお問合せ先
山と溪谷社 TEL03-6744-1900（代表）
■書店・取次様からのお問合せ先
山と溪谷社受注センター
TEL03-6744-1919 FAX03-6744-1927
http://www.yamakei.co.jp/

印刷所 —— 大日本印刷株式会社
製本所 —— 株式会社明光社

ISBN978-4-635-02074-9
●乱丁、落丁などの不良品は送料小社負担でお取り替えいたします。
●定価はカバーに表示してあります。

●編集
吉田祐介
●編集協力
後藤厚子
●写真協力
門田 純
●ブック・カバーデザイン
I.D.G.
● DTP
株式会社 千秋社（北原菜美子）
● MAP
株式会社 千秋社（細井智喜）

■本書に掲載した地図は、国土地理院長の承認を得て、同院発行の数値地図（国土基本情報）電子国土基本図（地図情報）、数値地図（国土基本情報）電子国土基本図（地名情報）、数値地図（国土基本情報）基盤地図情報（数値標高モデル）及び数値地図（国土基本情報20万）を使用したものです。（承認番号 平30情使、第56号）
■各紹介コースの「コース定数」および「体力度のランク」については、鹿屋体育大学教授・山本正嘉さんの指導とアドバイスに基づいて算出したものです。
■本書に掲載した歩行距離、累積標高差の計算には、DAN杉本さん作製の「カシミール3D」を利用させていただきました。